知的生きかた文庫

時間を忘れるほど面白い
雑学の本

竹内 均 編

三笠書房

はじめに

◎驚きの雑学——たった1分であなたの「頭」を刺激します!

わかりそうでわからない——。

知っているようで知らない——。

そんなことほど、一度考え出すと止まらなくなってしまうもの。ご飯を食べるときも、眠りにつくときも、「なぜだろう」とふと頭に浮かんで、時間を忘れて考えをめぐらせてしまいます。

たとえば、**「夕日はどうして、昼間の太陽より大きく見えるのか」**、不思議に思ったことはありませんか。同じ太陽のはずなのに、時間帯によって大きさが変わって見えるなんて、考えてみれば確かに不思議です。

もっと生活に関係したところでは、**「なぜ、ダイコンはおろした途端に辛くなるの**

か」。生のダイコンでも、サラダに入っているものは辛くないのに、おろした途端に辛くなるのはなぜでしょう。

今まで何の疑問も持たなかったのに、一度「なぜ?」と思ってしまうと、気になって仕方がない……そんな気持ちになってしまいます。

本書ではこのように、考えれば考えるほど謎が深まる疑問と、その答えに隠された「驚きの雑学」ネタを集めました。

- **「花火」に、なぜ鮮やかな色をつけることができるの?**
- **「いびきをかく」のは、なぜ疲れたとき・酔ったときに多いの?**
- **「野生動物」には、なぜ〝肥満〟の動物がいないの?**

……などなど。食べもの、生きもの、人体、科学、モノのルーツなど、さまざまなジャンルから、あなたの身近にあるものを中心に取り上げました。

いずれも、少し突っ込んで考えれば、そこにある合理的な理由や、うまい仕組みが見えてくるものばかり。きっと、一つ知るごとに、あなたの頭と心が刺激されることでしょう。

また、当たり前だと思っていた〝常識〟が一変する、という驚きを味わうこともできます。

・**水は「マイナス四〇度でも凍らない」ことがある！**
・**「青白いアカトンボ」がいる！**
・**朝と夜では身長が二センチも違っている！**

……などなど。この「まさか！」と思うような話にも、あなたを夢中にさせるネタや刺激的な真相が隠れています。もしかしたら、知らないことが多い人のほうが、この「知的な興奮」を十分に楽しめるのかもしれません。

各項目は1分ほどで読めますが、興味を引かれたことについてあれこれ考えをめぐらせたり、もっと深く掘り下げて調べたりと、自分なりに楽しんでいただけたら幸いです。

竹内　均

目次

はじめに――驚きの雑学――
たった1分であなたの「頭」を刺激します！　3

1章 「ファストフード店の看板」には、なぜ赤色が多い？

【意外なルーツ】雑学

日本で最初に靴を履いたのは坂本龍馬!?　24
ファストフード店の看板には、なぜ赤色が多い？　25
料理店の盛り塩は「お清《きよ》めのため」ではなかった!?　26
「秋ナスは嫁に食わすな」は意地悪を言っているのではない！　27
患者の胸を指で叩く〝打診〟で、なぜ症状がわかる？　28
闘牛のウシは赤い色に興奮するわけではない!?　29
昔、ブタは「強い男の象徴」だった!?　30

土用《どよう》の丑《うし》の日に、なぜウナギを食べるの？　32
大昔の日本人はカタツムリをおいしく食べていた!?　33
「ゴミの定期収集」は江戸時代から行なわれていた！　34
当時、世界一清潔だった江戸の町の「リサイクル法」　35
江戸時代から「飲み水を買う」習慣があった！　36
ローマ帝国が滅びたのは「鉛中毒《なまり》」のせい？　38
イスラム教圏の女性が顔を隠す「本当の理由」とは？　40
カンガルーは「探検家の勘違い」からつけられた名前！　41
サンショウウオをヨーロッパに持ち出した意外な人物　43
名前に「男尊女卑《だんそんじょひ》の時代」が反映された植物がある！　44
ジャンケンはもともと「ヘビ・ナメクジ・カエル」の三つ！　45
懐石《かいせき》料理と会席料理は何が違う？　47
ロッキング・チェアはもともと健康器具!?　48
雛祭りのとき、なぜハマグリを食べるの？　49
「顔を赤く塗る」のが化粧のルーツ!?　50

バイオリンの名器ストラディバリウスは何がすごいのか 52
インスタントコーヒーの発明者は日本人だった！ 53
あのタンポンは奈良時代以前にもあった!? 54
手品で使うハトは、なぜいつも白いの？ 55
無臭ニンニクはどうやってつくられたの？ 56
ズボンの折り返しが「下品」と思われていた？ 57
ドラキュラには実在のモデルがいた!? 59

2章 「鳥や馬」などは、なぜ立ったまま寝ることができる？

【生きもの】雑学

クジラは、なぜ哺乳類なのに水中で生活するの？ 62
肺呼吸のクジラが陸に上がると死んでしまう理由 63
野生動物は、なぜ太ったものがいないの？ 65
肉食動物は、なぜ植物を食べなくても健康なの？ 67

「青白いアカトンボ」がいる！ 68
タコは「頭のいい動物」だって知っていた？ 69
タコのスミは「目くらましの道具」ではない!? 70
デンキウナギは自分の電気で感電する！ 71
イルカが陸地に近づく意外な理由とは？ 72
シマウマは、なぜ目立つシマ模様をしている？ 73
競走馬は、なぜ骨折すると殺されてしまうの？ 75
ウマは、なぜ立ったまま眠ることができるの？ 76
指紋があるのは人間だけなの？ 77
なぜ人間にはしっぽがないの？ 79
霊長類だけ「目が正面についている」理由 80
ウサギの「長ーい耳」は何のためにある？ 82
五か月間も海に潜ったままのカメがいる！ 83
ハゲワシの頭がハゲているのは何のため？ 85
大型恐竜は、なぜ首としっぽが長くなった？ 86

「始祖鳥《しそちょう》が最古のトリ」というのはウソ？　88
空を飛べない始祖鳥の翼は何のためにあった？　89
セミはいつ脱皮しているの？　90
ヘビは、なぜ足がないのにスルスルと動ける？　91
都会に暮らすハトは「野鳥」といえるの？　92
水鳥は足を氷水につけたままでも冷たくないの？　94
トリは、なぜ電線や枝で立ったまま眠れるの？　95
ガはチョウの先祖だった？　96
シカが我が子を守るための「すごい作戦」とは？　98
ゴリラとチンパンジー、どちらが「やさしい性格」？　99
昆虫は、なぜ死ぬとあお向けになる？　100
コオロギの鳴き声は〝口説き〟に〝脅し〟？　102
獲物をくわえたワニはどうやって呼吸する？　103
貝にある〝舌のような物体〟はいったい何？　105
クラゲの針は意外に「高度な仕組み」！　106

「焼酎一杯グーイ」と鳴くトリがいる!? 107
ハエにとって人間の世界はどのくらい快適? 109

3章

「電話番号」は、なぜどれも〝0〟から始まるの?

【身近な科学】雑学

電話番号は、なぜどれも〝0〟から始まるの? 112
「原子力」でどうやって発電しているの? 112
「揚水発電《ようすい》」って損? それとも経済的? 114
くしゃみの風速は新幹線よりも高速!? 115
電気の周波数は、なぜ関東五〇Hz《ヘルツ》、関西六〇Hzと違うの? 116
ファックスは、なぜ電話回線で送れるの? 118
電波って、本当に波のような形をしているの? 119
AM、FMって、つまりは何がどう違う? 120
炭酸飲料の炭酸はどうやってつくるの? 121

一〇メートルのストローでジュースを飲むことはできる？　122
にわか雨の予報は、なぜあまり当たらないの？　124
富士山の山頂が雲に隠されると雨が降る⁉　125
〝くもらない鏡〟は、なぜくもらないの？　126
マジックミラーってどういう仕組みなの？　128
冷蔵庫がものを冷やす仕組みを知っている？　129
冷蔵庫を開けておくと室内の温度が上がる⁉　130
花火の色はどうやってつけるの？　131
メスの魚だけをつくる「驚きの養殖技術」　132
高圧電線に、なぜトリが止まっても平気なの？　134
飛行機雲はどうしてできるの？　135
普通、固体は液体に沈むのに、なぜ氷は水に浮く？　136
水は「マイナス四〇度でも凍らない」ことがある！　137
氷とアイスクリーム、冷たいのはどっち？　138
泡がたくさん立つ洗剤のほうが強力なの？　139

ピアノはミスチューニングがあるほうがいい音になる!? 140
磁石を切っていくと、NとSは最後にどうなる? 142
物理の知識を使えば、もっと早く泳げる? 143

4章

「集中して考えごとをする」と、なぜ腹が減る?

【体と健康】雑学

脂肪細胞の数は四、五歳で決まる!? 146
蚊取り線香は人間には効かないの? 147
「下痢にも便秘にも効く薬」って矛盾しているのでは? 148
血液型で「ハゲかた」に差が出る! 149
朝型人間、夜型人間は体の仕組みが違う? 150
憂うつなときこそ「暗い音楽」を聴くとよい! 152
「暗いところで本を読むと目が悪くなる」はウソ!? 153
短距離ランナーが長距離に転向して活躍することは可能? 154

一流のスポーツ選手ほど免疫力が弱い!? 156
朝と夜では身長が二センチも違っている! 157
「髪の毛が一番伸びる時間帯」はいつ? 159
くやし涙とうれし涙では味が違う! 160
集中して考えごとをすると、なぜ腹が減る? 161
点滴を受けていると、なぜ空腹を感じないの? 162
すごく冷たいものをさわると、なぜ〝痛い〟の? 163
体重四五キロ以下の人は二〇歳を超えても「小児扱い」? 164
夏になると疲れやすくなるのは、なぜ? 166
年を取ると、本当に「面《つら》の皮が厚くなる」!? 167
塩が不足すると、なぜ人間は生きていけないの? 168
塩分を適度にとる人のほうが低血圧だった!? 170
「血液が固まって骨になる」って知っていた? 171
酔っているときにケガをすると「血が止まらない」? 172
一人でしんみり飲む酒は「ストレスを増加させる」! 173

酒をチャンポンで飲むのは、なぜ体に悪い？ 174
乳歯は、なぜ小学校低学年までに抜けてしまうの？ 176
いびきをかくのは、なぜ疲れたとき・酔ったときに多いの？ 177
数分の仮眠でも、なぜ注意力が五倍に上がる？ 178
私たちの指は、なぜ五本なの？ 179
人間の脳から「麻薬物質」が出ていた!? 180
サツマイモを食べて出たオナラは臭くない！ 182
突然死にも前ぶれがある!? 183
「子どもが産まれにくい土地」って、どこ？ 185
「笑う門には福きたる」は科学的にも正しかった！ 186
風邪を引いたときに、なぜリンパ腺が腫れるの？ 188
「軽い風邪なら、薬に頼らないほうがいい」理由 189
唾液が多い人ほど口の中が清潔！ 191

5章 「夕日」は、なぜ昼間の太陽より大きく見えるの？

【地球の不思議】雑学

星はガスでできているのに、なぜ宇宙に広がらないの？ 194
地球と太陽の距離は「奇跡のバランス」を保っている！ 195
雷は「空から落ちるとは限らない」!? 196
雷は、なぜ音のするもの・しないものがあるの？ 197
「雷の多い年は豊作」というのは本当？ 198
飛行機は、夏より冬に飛ばしたほうが〝エコ〟？ 199
温暖化対策に二酸化炭素を規制するだけでは不十分!? 200
二酸化炭素は空気より重いのに、なぜ地表にたまらない？ 202
「酸素があると生きていけない生物」がいる!? 203
「おいしい水は寿命を延ばす」は本当か？ 205
「太陽活動が盛んになる」と病人が増える!? 206
夕日は、なぜ昼間の太陽より大きく見えるの？ 207

黒い雲から強い雨、白い雲から弱い雨が降る理由 208
実は、温室は植物にとって「厳しい環境」だった！ 210
有害物質が含まれている「身近な野菜」って？ 211
サボテンには、なぜトゲがあるの？ 212
世界最長寿の木の樹齢は？ 214
木陰が涼しいのは「日ざしを遮《さえぎ》るから」だけではない！ 215
〝太陽が好きな木〟と〝日陰が好きな木〟がある！ 216
タンポポの綿毛は一〇キロも飛ばされていた！ 217
「植物の菌」がスキー場の雪づくりに使われる!? 219
ワラ、ホウセンカ、スミレ……さて、食べられるのは？ 220
「湖・沼・池」は似ているようでここが違う！ 221
マイナス・イオンってどう体にいいの？ 222
「地下水はおいしい」といわれるのは、なぜ？ 224
「水道水に塩素を入れない」ヨーロッパのこだわりとは？ 225
地球史上、最初に大地に棲んだのは「小さい枝」！ 226

南極と北極では、なぜ氷山の形が違う？　227
たんぱく質や石油をつくる微生物がいるって本当？　228
一〇〇度近い超高温の温泉に微生物がいた!?　229

6章 「ダイコン」は、なぜおろした途端に辛くなるの？ ……【食べもの】雑学

ラガービールとドラフトビールの違いって？　232
ビールは本当に高カロリーか？　233
日本酒やワインにアルコール二〇度以上のものがない理由　234
「精進《しょうじん》料理に使えない野菜」がある!?　235
昔の七草がゆには「大豆」が入っていた！　236
「初鰹《はつがつお》を出すなんて客に失礼」と文句を言った小説家って？　237
ダイコンは、なぜおろした途端に辛くなるの？　239
ダイコンの〝本当の色〟は白ではなく透明!?　240

食物繊維でかえって便秘が悪化することもある!? 241
調味料は、なぜ「サシスセソ」の順に入れるといいの？ 242
「みりん風調味料」と「みりんタイプ調味料」はどう違う？ 243
ハチミツ一ビンには、四〇〇匹のミツバチが必要！ 245
赤味噌と白味噌の違いはどこから生まれる？ 246
レモンは皮まで食べなきゃ十分なビタミンCはとれない！ 247
カレーでダイエットができる？ 248
「技巧と知性」を集めたサラダのレシピとは？ 249
酒飲みがとらなければならない栄養素って何？ 251
食事中にお茶を飲むと、せっかくの鉄分が半減!? 252
「サバの生き腐れ」といわれるほどサバが腐りやすい理由 254
ウナギとステーキ、どちらがスタミナをつけられる？ 255
石焼きイモ屋のイモは、なぜ家庭でつくるより甘いの？ 256
イモ類の中で、なぜヤマイモだけが生で食べられる？ 258
大豆に含まれる「頭がよく働く」素って!? 259

備長炭《びんちょうたん》で調理すると、なぜおいしくなるの？　260
うどんをゆでるときは塩を使うのに、そばには使わない謎　261
ゆでタマゴの殻は冬より夏のほうがむきやすい？　263
タマゴ酒には風邪薬と同じ成分が入っている!?　264
「みかんを投げると甘くなる」って本当？　265
酸性食品って体に悪いの？　266
エビやカニは、なぜゆでると赤くなる？　268
緑黄色野菜の〝すごいところ〟を知っている？　269
乳牛が何を食べていたかで、バターの色まで変わる！　270
「甘くておいしいカボチャ」の簡単な見分け方！　271

7章

「家庭の冷凍庫の氷」は、なぜ白く濁ってしまうの？……【生活の知恵】雑学

「一番確実なしゃっくりの止め方」を知っている？　274

かさばるプラスチック容器、上手な捨て方は？　275
冬場の「暖房の効かせすぎ」には要注意！　276
部屋を暖めるために扇風機を使ってみよう！　277
乾燥する冬、なぜ衣服に静電気がたまりやすい？　278
白黒のバーコードだけで、なぜ品目、値段がわかる？　279
バーコードの線に細工をすれば値段をごまかせる？　280
香水をどこにつけるかで性格診断ができる!?　281
布団は木綿、化繊、羊毛より「羽毛がお勧め」！　282
「一番快眠できる枕のサイズ」はどのくらい？　284
加湿器を使った「部屋を心地よくする裏技」とは？　285
ご飯をおいしく炊くために加える「調味料」って？　286
枝豆を「絶妙の塩加減」で食べるためのゆで方って？　287
脱いだ背広は、しまわずに部屋に出していたほうがよい！　288
ネクタイの汚れは簡単に家庭で落とせる！　289
服に染み込んだ防虫剤の匂いをすぐに落とす技！　290

革靴を長持ちさせたいなら靴墨はほどほどに！　291
自動車も〝天日干し〟をしたほうがいい？　292
浮き輪の後始末をらくらく終わらせるにはどうする？　293
冷えていないビールを「一気に冷やす」便利な知恵　294
二日酔いがすぐに治る「とっておきの飲みもの」はこれ！　294
「リュックの背負い方」を変えれば歩いても疲れない！　295
ガス代節約のために一番気をつけたいポイントとは？　296
家庭の冷凍庫の氷は、なぜ白く濁ってしまうの？　298
傘を長持ちさせる秘密兵器は「油」？　299
カーペットについた家具の跡、どうやって消す？　300
裏ごし器を長持ちさせる「ちょっとしたコツ」　301

◎編集プロデュース　波乗社
◎本文イラスト　山口マサル

1章

「ファストフード店の看板」には、なぜ赤色が多い？

【意外なルーツ】雑学

日本で最初に靴を履いたのは坂本龍馬!?

西洋草履《ぞうり》――これはサンダルのことではありません。西洋式の靴のことです。日本人が靴を履き始めたのは江戸時代の末期で、当時、こう呼んでいたというのです。
ちょんまげに着物というのがその頃の服装。それに靴を履くとは、当時なら今よりも異様に見えたことでしょう。いくら新しもの好きだったとしても、靴を履いて人前を歩くのはよほどの人物だったはずです。案の定、といいましょうか、**日本で最初に靴を履いて歩いた人は、あの坂本龍馬だった**のです。

「潮風でごわごわになった桔梗紋《ききようもん》の黒紋服、どろりと垢じみた小倉《おぐら》の袴《はかま》、陸奥守吉行《むつのかみよしゆき》の落し差し、それに足には大きな海員靴をはいていた」

こう、司馬遼太郎《しばりようたろう》は『竜馬がゆく』で、その様子を描いています。
こんな異様ないでたちでも平気なところがいかにも龍馬。その細かいことに頓着《とんちやく》しない性格は、彼が好んだ、「世の中の人は何ともいはばいへ　わがなすことはわれのみぞ知る」という歌によく表われています。

龍馬は、わが国で新婚旅行をした最初の人ともされていますが、慶応三年（一八六七）に満三一歳で暗殺されるまで、短い生涯を大らかに生きた人でした。

ファストフード店の看板には、なぜ赤色が多い？

ファストフード店の看板には、赤い色を使ったものが多いと思いませんか。白地に赤いロゴもあれば、赤地に黄色もあるし、パッケージに赤を取り入れている店も。目立たせるという目的もあるには違いないのですが、赤にはもう一つの心理的効果があるのも、商売上手な人なら知っているのかもしれません。

赤は、食欲を誘う色なのです。

ほかにも感情を高ぶらせる、活動的・積極的にさせる、男性ホルモンの分泌《ぶんぴつ》を促《うなが》すなどの作用もありますが、どれも食欲に結びつきそうな作用ばかりです。

食欲を誘うのは、黄色と緑も同じ。サラダにトマトやゆでタマゴを入れることがよくありますが、こうすれば赤、黄、緑が三色揃って、なるほど見るからにおいしそう。

〝食欲増進三原色〟とでもいうべき色なのです。

そう思って町を歩いてみれば、確かに、赤、黄、緑を使った飲食店も多いようです。

料理店の盛り塩は「お清《きよ》めのため」ではなかった!?

夕方、客が来る少し前の料理屋の玄関先は、静かで気分のよいものです。そこで目につくのは、ちょこんと盛り上げてある塩。夕闇の中に白く浮き上がって見えます。

この塩は「清め」のためのものと勝手に思っている人が多いようですが、そうではなく、お客がたくさん来てくれるようにという「おまじない」なのです。

昔、中国の皇帝は「三十六の後宮《こうきゅう》には三千人の淑女《よそおい》を飾《かざ》り」といわれるほど多くの妾《めかけ》を囲い、牛車に乗って夜ごとそれら妾の屋敷を訪ねていたわけです。妾のほうからすれば、皇帝になんとか来てもらいたい。しかし、三千人はオーバーだとしても、人数が多いので競争率が高すぎる。

そこで、ある頭のいい妾（の屋敷の者）が一計を案じ、玄関にピラミッド型に塩を盛り上げておいたのです。すると案の定、屋敷の前で牛車が止まり、その夜は皇帝の寵愛《ちょうあい》を受けることができました。

草食動物は常に塩分をとらなくては生きていけません。つまり、牛は塩が大好物なのです。だから盛り塩の前でピタリと止まって動かなくなってしまったわけです。この故事から、**来てほしい人（お客）を招き寄せるおまじないとして、玄関に塩を盛るようになった**のです。

「秋ナスは嫁に食わすな」は意地悪を言っているのではない！

秋にはおいしいものがたくさん店先に並びますが、中でも秋ナスは煮てよし、焼いてよし、とてもおいしいものです。そんなおいしい秋ナスを「嫁に食わすな」なんて意地悪なお姑《しゅうとめ》さんだ、と思ったら、それは誤解だそうです。

漢方の世界では、自然界のあらゆるものを陰と陽に分けますが、ナスは強い陰性を持った食べものと考えられています。このため、これから子どもを産まなければならないお嫁さんには、そんなものは食べさせられない。**強く元気な子を産んでほしいという願いから出たのが、このことわざ**だというわけです。

実際、ナスにはソラニンという成分が含まれていて、これを体内にたくさん取り込むと、体が冷えて流産しやすくなるともいわれています。

つまり、嫁の体を思ってできたことわざなのに、嫁いびりのように受け取られているのは誤解だというわけですが……それにしても秋ナスはうまいのであります。

患者の胸を指で叩く〝打診〟で、なぜ症状がわかる？

トントンと指で患者の胸を叩く診察法を「打診」といいます。あれで本当に症状などがわかるのでしょうか。

この方法は、一八世紀半ば頃、オランダのアウエンブルッガー医師が、酒場のおやじが酒樽を叩いて酒の残量を調べているのを見て考えついたのだといわれています。

それが内科の診断法として伝えられ、今でも打診は診察の第一歩とされています。

指で叩く位置は肺とその上部で、感触ではなく音を聞くために行なっているのです。健康であれば、肺の内部には空気が入っています。音でその空気の具合を聞き取って異常の有無を判断しているのだそうで、**経験豊富な医師なら、肋膜炎《ろくまくえん》や心臓肥大などはこれですぐにわかる**そうです。

しかし、それはあくまでも経験豊富な医師の場合。むしろ打診だけで診断できる人はまれで、そのため、現在は打診のあとに必ず、レントゲンや血液検査などの科学的な診断をしているとのことです。

闘牛のウシは赤い色に興奮するわけではない!?

闘牛士の小道具といえば、鋭い剣に真っ赤な布。大きく広げた布をヒラヒラさせると、挑発されたウシが突進していきます。だから赤い布はウシを興奮させるためのもの、といわれてきましたが……。

実は、決して赤い色に興奮しているわけではないのです。

人間とサルを除くほとんどの動物は、色の判別が困難とされています。ウシの目にも、世界はモノクロにしか見えていません。布の色を判別する能力はなく、区別できるとしても濃さだけ。

闘牛士の布に興奮するのは色が赤いからではなく、ヒラヒラ動いているからにほかなりません。ネコジャラシを動かすとネコがじゃれつくのと同じで、ヒラヒラと動きさえすれば、赤でも黒でも緑でもかまわないはずです。

でも闘牛の布の色は、心理学的に見てどうしても赤である必要があります。理由は、赤が人間を興奮させる色だからです。赤い布を広げることで、闘牛士の士気が高まり、観客も熱狂します。闘牛はショーですから、ウシよりもまず人間が熱狂しなくては始まらない、というわけです。

昔、ブタは「強い男の象徴」だった!?

ブタは、人間からいいイメージを持たれているとはお世辞《せじ》にもいえません。本当はきれい好きな動物なのですが、とかく汚くていやしいイメージがつきまといます。

たとえば、アメリカで「ピッグ」と言えば、日本で「ポリ公」なんていうのと同じこと。フランスではブタを「コション」と言いますが、これは太って汚らしく、いやらしい男という意味のスラングにもなっています。

これではおいしいブタに申し訳ないと思って、もう少しいいイメージのエピソードを探してみたら、時は昔、日本の戦国時代にありました。

山形城を本拠地にして一帯を支配していた武将、最上義光《もがみよしみつ》は、力自慢の家臣を集めて重用していました。

中でも**一番の力持ちには、「武太之助」の名を授けてかわいがっていた**そうな。

字面《じづら》はいかにも強そうだけれど、音だけ聞けば「ブタノスケ」。

現代では情けない響きの名前ですが、当時はブタは力強くたくましい男の象徴だったのです。

ブタ君、長いあいだ悪く思っていてごめんなさい。

土用《どよう》の丑《うし》の日に、なぜウナギを食べるの？

日本中でウナギがもっとも食べられる日といえば、夏の「土用の丑の日」。ウナギは、夏バテ防止の効果もあるとされています。

といっても、高級品なので財布と相談しながら、なのですが……。でも、なぜウナギを食べるのでしょうか。

土用の丑の日は「丑」という字にちなみ、昔は肉牛のように黒いものを食べる日とされていました。

なぜ黒いものかというと、フナ、コイ、ナマズ、ウナギ、シジミ、ナスビなど、黒いものにはビタミンAが豊富に含まれており、暑さで体力を消耗する時期に食べると元気が出ることを、昔の人は経験的に知っていたからです。

この日を**ウナギの日と印象づけたのは、江戸時代に医者・文学者・発明家と多彩な才能を発揮した平賀源内《ひらがげんない》**だといわれます。

彼はあるウナギ屋に「真夏でも客が来るようなアイデアを考えてくれ」と頼まれ、

「土用の丑の日はウナギの日」という宣伝コピーを考えたわけです。これがいつの間にか定着して、この日にウナギを食べる習慣ができ上がってしまった、といわれています。

平賀源内といえば、エレキテル（静電気の発生装置）などを発明したことで知られていますが、こんな商才まであったとは驚きです。

大昔の日本人はカタツムリをおいしく食べていた!?

嫌いな人は見るのも嫌だというエスカルゴ。食べるなんてとんでもない、と思う人もいるでしょうが、一度そのおいしさに目覚めたらヤミツキになってしまうようです。

フランス料理でよく食べられるエスカルゴは日本のカタツムリとは違う種類、むしろ貝の一種と理解したほうがいいようです。では、日本のカタツムリの味はどうなのでしょう。

誰も料理していないところを見ると、たぶん日本人の口には合わないのでしょう。

といっても、それは現代日本の話、古代の人たちはちゃんと食べていたのです。

なぜそんなことがわかったかというと、**石器時代の古代遺跡から出土した糞石《ふんせき》から カタツムリの殻が出てきた**のです。糞石は腸の中で石のように固くなった糞がそのまま残されたもの。早い話が便秘症の人のそれです。考古学ではこの糞石を根気よくお湯に溶かし、どんなものが含まれているかを詳しく分析するのです。

昆虫の甲殻《こうかく》や魚の骨なども出てくるので、おそらく当時は、殻ごと、骨ごとまるまる食べていたと思われます。それが現代のエスカルゴほどおいしいものだったかどうか、昔の人に聞いてみなくてはわかりません。

「ゴミの定期収集」は江戸時代から行なわれていた！

今やゴミ問題は、現代社会の大きな悩みですが、武士や町人が大勢住んでいた江戸時代には、ゴミ問題は起きなかったのでしょうか。

何と、江戸幕府が開かれて間もない慶安《けいあん》元年（一六四八）には、早くもゴミの不法投棄に対する処罰や、町内会でのドブさらいを奨励《しょうれい》するお触れが出されていたのです。

そして、一四年後の寛文《かんぶん》二年には、今でいうゴミの定期収集が始まっています。これは、日本橋通りより北は毎月二の日、南は三の日にゴミ取り船を差し向けて各町内のゴミを収集したもので、元禄《げんろく》一〇年（一六九七）には清掃局の前身ともいえる芥改役《あくたあらためやく》という役目ができているのです。

船で集められたゴミは、東京湾の永代浦などに捨てていたようです。しかし、江戸の人口は増える一方。増え続けるゴミに頭を悩ませた幕府は、ついに享保《きょうほう》年間（一七一六～一七三五年）に、深川《ふかがわ》の越中島に塵芥《じんかい》捨て場を定めました。

当時、世界一清潔だった江戸の町の「リサイクル法」

昔は、大きな都市から大量に供給されるし尿が、近郊の農家にとっての貴重な肥料資源でした。このし尿を畑に利用した農家は、都市に新鮮な野菜を供給していたため、立派な〝リサイクル〟が完成していたわけです。江戸時代には、この下肥《しもごえ》を集めるための肥桶《こえおけ》が発明され、人口一〇〇万都市の**江戸の町へは、下肥を買う農民が、今の千葉や埼玉から荷車に肥桶と野菜を山のように積んで出かけていきました。**

江戸の下肥に関する資料によると、畑から収穫したダイコンの売上げのうち、四〇%近い額が肥料代として使われていました。このため、江戸の町がし尿に汚されることはなく、むしろ、お宝としての貴重な町の収入源となっていました。

落語でおなじみの八っつぁん・熊さんの住む長屋の共同雪隠《せっちん》（便所）は、大家《おおや》さんの大事な稼ぎ場所でもありました。店子《たなこ》を相手に風流話をしながらも、雪隠はよそで使わず帰ってからするようにと注意していたのも、このためです。

このようなシステムは戦後まで続き、物資不足に悩まされていた家々では、し尿と引き換えに立派に太ったダイコンを汲《く》み取り代としていただいていたのです。

江戸時代から「飲み水を買う」習慣があった！

水道水をそのまま飲むのに不安があることもあってか、今では多くの種類のミネラルウォーターが売られています。きっと、昔は水がきれいでおいしかったので、わざわざ買うこともなかったのだろうと思うでしょうが、実は江戸時代でも、水を売り歩く「水屋」という商売があったのです。

神田上水や玉川上水は、自然の勾配《こうばい》をつけて町々に配水されていたので、使われなかった水はそのまま河川などに放流されます。その水を水船で運び、上水の通っていない地域や、良質の井戸に恵まれない地域に行っては、**天秤棒の両端に細長い桶をつけて担ぎながら、「みずー、水」と売り歩いていたのです。**

また、売り歩いた水は、山の手の名水であることもあれば、川の水をそのまま汲んで売り歩くこともあったようです。

江戸の中でも深川周辺は飲み水が乏《とぼ》しく、いつも水屋から水を買っていました。しかし、塩分を含む水を汲んでくることも多かったらしく、来客に茶を出すのに困ったという話が残っています。

明治になっても、下町では、朝夕、二桶一銭で水を買っていたといいます。こうした水屋は、明治三一年に改良水道が引かれるまで大繁盛し、庶民の生活を支える重要な役割を果たしました。

人がたくさん集まれば、飲み水の確保に苦労する——これは今も昔も変わりません。

ローマ帝国が滅びたのは「鉛中毒《なまり》」のせい？

便利だというのでさまざまな分野で使っていたものが、実は途方《とほう》もない害をもたらすものだった——少し前では、成層圏を破壊することで悪名《あくみょう》高いフロンガスがいい例ですが、過去にも同じような話があります。

それは、鉛です。鉛が、血管や腸管の激しい痛み、神経麻痺《まひ》、精神錯乱《さくらん》などを起こす恐ろしい毒性を持つ金属であることは、今では有名な話です。そのため、ひと昔前まで印刷の活字を扱う仕事など鉛に触れる時間の長い職場には、厳しい安全基準が定められていました。

ところが、それを知らなかったらどうなるでしょう。

現在では、化粧品に鉛の化合物を配合するのは厳禁されていますが、江戸時代から明治時代にかけて、おしろいには鉛白《えんぱく》という炭酸鉛が使われていました。そのため、厚化粧をする役者さんや女性に鉛中毒が後を絶たず、授乳時に母親のおしろいを吸い込んだ乳児が、脳を冒されるケースなども多発しました。

それでもずっと使われていたのは、鉛があまりにも身近なものだったからでしょうか。何しろ、鉛白とは紀元前四〇〇〇年からエジプトで塗装用に使われていたほどの長いつき合いです。毒性があるなんて、誰も疑わなかったのでしょう。

鉛は世界各地で産出され、柔らかく、融点が低くて成型加工がしやすいという利点を持つので、古くからいろいろな用途に利用されていました。

ローマ帝国はその最たるもので、化粧品だけでなく、食器やさかずき、さらに上下水道や浴場のパイプなど、あらゆるところにこの鉛を使っていたのです。まさに、これでは鉛漬け同然です。そのせいか、鉛を口にする機会の多い上流階級に流産や死産が多かったのだともいわれています。

また、**ローマ皇帝たちは鉛のジョッキでよくワインを飲んでいた**ので、歴代皇帝のほとんどが中毒による精神異常をきたしていて、それで、あのローマ帝国が滅亡したのだ、と考えている人もいます。

イスラム教圏の女性が顔を隠す「本当の理由」とは?

アラブをはじめ、イスラム教圏の国々の女性は、いつも体を寸分の隙もなく衣服で覆い、カフィエという四角い布を頭から肩まですっぽりと被って顔を隠します。

イスラム教には、女性は夫以外の前では素肌や顔をさらしてはいけないという戒律があり、彼女たちはこれをしっかりと守って、外に出ているときだけでなく家の中にいるときも、ああして顔を隠しているのだそうです。

アラブの暑さは、文字通り、「脳味噌を焼かれるような炎暑《えんしょ》」(フリーマントル『革命家』)です。そんな中で、すっぽりと全身を布で覆っていなければならないとは、ちょっと厳しすぎる戒律のように思えます。

ところが、イスラム教の聖典である『コーラン』には、「顔を隠せ」などとは書かれていないのです。ただ、「美しいところは他人に見せないように」「胸には覆いをつけるように」とあるだけ。それがどうしてああいう厳しいものになり、その上、誰もが逆らわずにきちんと守っているのでしょうか。

「美しいところといったら、私の場合は顔だわ」という女性の自尊心がそうさせているのでは……と穿《うが》った見方もできますが、そうではないのです。

カフィエを被ったほうが涼しいから、あのようにしているのです。

衣服は、衣服内気候といって、外気とは違う温度と湿度の層をつくり、防寒の役を果たしてくれます。しかし、それは寒い国でのこと。炎暑の砂漠地帯では反対に、暑さをしのぐ働きをしてくれるわけです。同時に、日焼けからも身を守ってくれます。

まさに「所変われば品変わる」。厳しい戒律と思えたのは、生活の知恵から生まれた習慣だったのです。

カンガルーは「探検家の勘違い」からつけられた名前！

「多くの男女が、島の道を、手に手に何かの燃えさしを持って、いぶしながら歩いている」

一四九二年、アメリカ大陸を発見したときに、サン・サルバドル島で目にした不思議な光景を、コロンブスは『航海誌』にこう記しています。

燃えさし（何かの燃え残り）と思ったのはインディアンたちが用いていたパイプで、いぶしていたのはタバコでした。

一説によると、ここでコロンブスは大失策をしてしまいます。

「いったい、それは何なんだい？」

言葉は通じないからジェスチャーです。インディアンが手にしているものを指して、そう尋ねました。すると、「トゥバコ」という答え。以来、これはタバコと呼ばれることになったわけですが、実はこのとき、インディアンはパイプのことを聞かれたのかと思い、そう答えたのだというのです。こんな単純な聞き間違いのミスが、間違えた名前を世界中の人たちに広げてしまったのだ、という説です。

しかし、これはありそうでいて、よく考えるとあり得ない話です。コロンブスはタバコをヨーロッパに持ち帰っているのだから、その後もインディアンたちとそれについて何度も話を交《か》わしたに違いありません。とすれば、いくら言葉が通じなくても、どんなにそそっかしい人でも、トゥバコがパイプのことだと気づくはずです。

しかし、聞き間違いの名前が定着したというほうがタバコらしくていい。ケムにまくような話ですから。

これと似ているのが、カンガルーの名の由来。キャプテン・クックが奇妙な動物を見つけ、原住民に「あれは何という動物だ？」と聞くと、「カンガルー」という返事がきました。実は**カンガルーは、「ワシは知らんな」という意味だった**そうです。

サンショウウオをヨーロッパに持ち出した意外な人物

中国地方の山奥や三重県赤目《あかめ》地方の清流に棲息しているオオサンショウウオは、昔は日本全国に広く分布していたと考えられています。それは、その別名が「ハンザキ」であることから推測できると研究者は言います。

どういうことかというと、ハンザキとは〝半裂きにしても生きているほど生命力が強い〟ことからそう呼ばれたそうです。昔はあちこちで半裂きにするほど、オオサンショウウオがたくさんいたことを意味しているというわけです。

このオ**オオサンショウウオを、博物学に興味を持っていたドイツ人医師・シーボルトが一八三〇年にヨーロッパに持ち帰った**ところ、一大センセーションを起こしたことは日本ではあまり知られていません。

江戸幕府は、江戸の地図を持ち出すことには神経をとがらせていましたが、当時はどこにでもいたこの動物を持ち出すことには何も言わなかったのでしょう。何しろオオサンショウウオは、黒褐色で全身にイボがあって、見るからに不気味。タコを「悪魔」と呼ぶヨーロッパ人の目には、きわめて異様なものに映ったことでしょう。

このオオサンショウウオは記録によると、シーボルトが亡くなったあとも、一八五一年まで約五〇年間も生きていたそうです。

名前に「男尊女卑《だんそんじょひ》の時代」が反映された植物がある！

秋の七草の一つオミナエシは、漢字で「女郎花」と書きます。オミナエシは昔はオミナメシといい、女郎飯、つまり女性用のご飯を意味していたという説があります。

男尊女卑の時代、**女性が食べていたのは黄色いアワのご飯。それで、黄色くて小さい花のオミナエシにこの名がついた**というのです。

このオミナエシの仲間に、オトコエシという草があります。オミナエシがオミナメシなら、オトコエシはオトコメシで、「男郎飯」。おそらく、男性用のご飯のことを意味したのでしょう。そしてもちろん、オトコエシの花の色は白なのです。

ほかにも、男・女と名のつくペアの植物は結構あります。オタカラコウとメタカラコウ、チチコグサとハハコグサ、オカルガヤとメカルガヤ、オナモミとメナモミ、バアソブとジイソブなど。植物名でも、こうして一つひとつ見ていくと、昔の人の生活習慣や、時代背景などがわかってきて、なかなか楽しいものです。

ジャンケンはもともと「ヘビ・ナメクジ・カエル」の三つ！

ジャンケンはもともと中国で起こったものですが、グー、チョキ、パーの形にしたのは日本人です。

中国にはヘビはナメクジを怖がり、ナメクジはカエルを怖がり、カエルはヘビを怖がるという言い伝えがありますが、これが日本に伝わり、江戸時代に町民が勢力を増してくると三すくみの思想として定着し、ジャンケンの形で表現されたのです。

なぜ、この思想が町人に受け入れられたのでしょうか。

おそらく、**三すくみというのは絶対的に強いものがおらず、それぞれに強い部分と弱い部分を持っていると認め合うことが前提になっていたから**でしょう。

また、グー、チョキ、パーのどれを選ぶかは自分の責任であり、勝つも負けるも自分の才覚と運次第というところも、町人階級の気分にぴったり合ったと思われます。

また、丁半勝負では一気に勝負がついてしまいますが、ジャンケンにはあいこがあり、場合によってはいつまでも勝負がつかないこともあります。

これは白黒をつけたがる職人などの気質に反しているようにも思えますが、白黒をつけたがったのはあくまで職人階級の人たちくらいで、商人たちはあいこを続けながら気長に商売の先を読むのには慣れっこだったのでしょう。

懐石《かいせき》料理と会席料理は何が違う？

懐石料理の「懐石」とは懐に石を入れるという意味。これは禅宗《ぜんしゅう》のお坊さんが空腹を一時的に忘れるため、温かい石を懐に入れて胃を温めたという故事からきた言葉です。実際に真似《まね》してみれば、空腹感の薄れることがわかります。

つまり、懐石料理はもともとお腹がちょっと温まるくらいの軽い食事だったわけです。ところが今やグルメの極致、めったなことでは手に入らない材料を使って、外見だけ簡素に見せた豪華料理の代名詞となっています。

どう豪華かというと、四《し》万十《まんと》川源流の水と称するものを使ってお茶を入れたり、年末に蕗《ふき》のとうを食べて春を演出したり、熊本のコイを生きたまま取り寄せたりするわけです。客の懐はさみしくなり、店の懐が温まる仕かけです。

最近では、**会席料理と呼んだりもしますが、これは懐石料理と同じ意味**です。あえていうなら、茶道では会席料理、禅語では懐石料理ということのようですが、門外漢《もんがいかん》としては、本来の意味での懐石料理にほのぼのとしたものを感じます。

といっても、無駄な贅沢《ぜいたく》はいただかないようにしたいものです。

ロッキング・チェアはもともと健康器具!?

腰かけて楽しいイスの代表は、やはり、ロッキング・チェアでしょう。

あのケネディ大統領も大のロッキング・チェア党で、ホワイト・ハウスの執務室に運び込み、暇さえあればその揺りかご効果を楽しんでいたそうです。

ところで、生活を快適に、心地よくするロッキング・チェアが、もともとは別の目的でつくられたことをご存じですか。

実はこれは、**老人用の運動器具として考えられた、いわば健康器具の元祖**なのです。

重い材質の木材でつくられているところがミソ。十分な揺れを得るには、足や腰にかなりの力を入れなければならないようにつくられています。そうして、揺れを楽しみながら、知らぬ間に足腰を鍛えようというわけです。

ヨーロッパの冬は苛酷《かこく》ですから、お年寄りはどうしても家に閉じこもりがちで、運動不足になります。それを心配した敬老心がつくり出したもので、そんな思いやりがあったからこそ、ロッキング・チェアの揺れが私たちを心地よくしてくれるのかもしれません。

雛祭りのとき、なぜハマグリを食べるの？

例年、五月の連休前後に開催される〝ハマグリ拾い〟は、なかなか楽しいもの。砂の中に足をグリグリ潜り込ませて固いものに当たったら〝アタリ〟です。一人で二〇個も三〇個も拾う人もいて、アサリの潮干狩《しおひがり》とは違った面白さがあります。
さて、雛祭りには赤飯とハマグリのお吸物を食べて祝う地方が多いようですが、これはハマグリの殻がほかのハマグリの殻とは

絶対に合わないことから、**「貞操堅固《ていそう》である」という意味がある**のです。江戸時代の武家社会では、女子の貞操は絶対に守られなければならないという不文律があり、嫁入り道具にハマグリ（貝合わせの道具を入れる貝桶）を新郎の家に運んだそうです。

現代では、貞操といってもただ堅苦しいだけの感じしかありません。そこで、雛祭りのハマグリには、女の子が幸せな一生を送ることができるようにとの願いが込められている、と説明されることがあるようです。

「顔を赤く塗る」のが化粧のルーツ!?

化粧といえば、どうしても〝女性の専売特許〟というイメージがしてしまいます。ところが、化粧のルーツは、美しく化《ば》けるために行なわれたのでもなければ、女性だけのものでもありません。

日本で化粧が行なわれるようになったのは、四～六世紀の古墳時代だといわれています。その頃の埴輪《はにわ》が、男女ともに化粧をしていたことを、はっきりと物語っているのです。ところが、その化粧は現代のものとはまるで異なったものでした。埴輪たちにはどれも、顔に赤い色の土が塗られていたのです。

なぜ赤だったのかは、『日本書紀』の、ホノスソリノミコトが弟に謝罪するときに赤色の土を顔や掌《たなごころ》（手のひら）に塗った、という記述が説明しています。つまり**化粧は、恭順や服従を示すため顔を赤く塗ったのが始まりだった**わけです。

面白いことに、こうして顔や体を赤く塗ったのは日本の古代人だけではなく、世界共通の風習だったらしいのです。

ヨーロッパの旧石器時代末の遺跡にも、当時の人たちが皮膚を赤く塗ったことを証拠づける形跡が発見されています。これは日本の場合と違って、災《わざわ》いよけのためになされたのだろうと考えられているのです。

口紅も同じで、古代人は口から災いが入り込むと信じていて、それをよけるために、口の周りを赤く塗ったのが始まりとされています。

「昔のお化粧というのは、まず何をおいても顔に白粉《おしろい》を白く塗ることでした」

宇野千代《ちよ》さんは、こう『私のお化粧人生史』に書いていますが、白く化粧をするようになったのは七世紀に入ってからのことです。

バイオリンの名器ストラディバリウスは何がすごいのか

最近は、各地に素晴らしいコンサートホールができ、外国からも一流のクラシックの演奏家が来日しています。近年では、日本人指揮者が海外の著名なオーケストラに招かれるなど、日本人にとってもクラシックは身近なものになってきています。

クラシック音楽の成否を決めるのは、演奏家の技術もさることながら、楽器のよしあしが大きく影響するといわれています。バイオリンの場合、ストラディバリウスやグァルネリなどの名器が出す音色《ねいろ》は、ほかの楽器には真似できません。

では、高価な楽器は、ほかのものとどこが違うのでしょうか。

これは材料の木片に秘密があるようです。超高価な楽器の木片を提供する人はごく少数。このため秘密はあばかれないままだったのですが、あるとき、チェロの背丈を短く改造するときに出た木片から、その秘密が解かれました。

分析によると、その**木片は五年近くも海水につけられ、楽器にされる直前に、細かく砕いた砂を混ぜたビールにつけられていました。**こうすると、普通だとつまってしまう木の中の組織の管が、いつまでも貫通したまま保たれ、いい音色が出るわけです。さらに、表面に塗られているニスも、トンボやハチの羽を溶かしてつくったもので、それも柔らかい音を生み出す原因になっていたということです。

インスタントコーヒーの発明者は日本人だった！

インスタントラーメンは日本で発明されましたが、インスタントコーヒーの発祥は、コーヒーの消費大国アメリカかヨーロッパだろうと思ったら大間違い。加藤了《さとり》さんという、れっきとした日本人の発明なのです。

彼は、明治三二年（一八九九）に今の製法と同じ真空乾燥方式のインスタントコーヒーを発明しました。一九〇一年にニューヨーク州で開かれたパンアメリカン博覧会で「ソリュブル・コーヒー」（＝溶けるコーヒー）という名前で発表しましたが、商品として出回ることはなかったそうです。

しかしその後、日本人が発明したから、というわけではありませんが、インスタントコーヒーは日本では大いに受けました。考えてみれば、**お茶と同じ手軽さでコーヒーが飲めるというのは、いかにも日本人的な発想**ですよね。

あのタンポンは奈良時代以前にもあった!?

日本で最初に製品化された生理用品・アンネが発売されたのは昭和三六年でした。これが、当時不便をかこっていた女性たちにあっという間に広がって、歴史に残るベストセラーとなったのです。

そのため、生理用ナプキンの始まりはアンネだと思っている人も多いようです。

しかし、これも歴史は古く、**奈良時代以前にナプキン式のものもタンポン式のものも使われていた**というのです。当時のものは、草や木の繊維や海綿など吸水性のいい素材が用いられていたそうです。その後、時代とともに綿や紙が使われるようになり、明治、大正時代になって脱脂綿に変わり、そしてアンネの登場となるわけです。

ところで、草や木の繊維や海綿ですが、これは精液を吸い取るというので、避妊具としても奈良時代以前から重宝されていたといわれています。

中でも海綿は世界的に使われ、古代へブライにも記録がありますし、一八〜一九世紀のフランスでも広く使われていたと考えられています。

手品で使うハトは、なぜいつも白いの？

黒いシルクハットからパッとハトが出てくる手品では、神社などでよく見かける色がついているものよりも、白いハトのほうが見栄《みば》えがします。

白いハトが使われるのは、そんな見栄えを気にしてのことだろうと考えがちですが、理由はそれだけではありません。

実は、服の中に隠しておくのに都合がいいため。というのも、あの白いハトはギンバトといって、**ほかのハトより体が小さいにもかかわらず、羽を広げると普通のハトと同じ大きさに見える**からなのです。それに性格もおとなしく、手品がスムーズに進められるというわけです。

そうはいっても、どうしてあんなに長い時間じっとしていられるのでしょう。

ハトに限らず、トリは仰向けにするとおとなしくなる性質があります。それを利用しているのです。

もちろん、ヒナのときから大事に育てて仕込んでいるからこそ、失敗なくできるもの。ハトを使う手品は、愛情があってこそ成功するのかもしれません。

無臭ニンニクはどうやってつくられたの?

ニンニクは匂いがするからこそおいしく感じるんだ、という声もありますが、やはり人前に出るときには、はばかられるのがニンニクや納豆の匂い。そこで、現われるべくして現われたのが「無臭タイプ」です。

臭くないニンニクの一番手は、早くも一九八六年に登場していました。突然変異で匂いの減った種を改良・栽培したものです。

一九九〇年あたりから出回っているのが、食後三〇分ぐらいで匂いが消えるニンニク。食後臭の原因となる硫黄化合物を、もみがらや米ぬかの抽出《ちゅうしゅつ》成分を使って除去したものです。

一方、納豆にも匂いの控え目なタイプが登場。バイオテクノロジーが生んだ特殊な納豆菌を使い、アンモニア臭を抑えています。おかげで、**関東に比べて納豆を食べない関西でも売れ行きを伸ばしている**とか。

ズボンの折り返しが「下品」と思われていた？

「見かけで人を判断するな」といわれますが、逆もまた真なりで、人間社会で服装が持つ説得力はなかなか無視できません。特に欧米人には、服装からその人の教養、趣味、育ちのよさ、経済力、才能、信用などを読み取る習慣が根強く残っていて、有能

なビジネスマンほど着るものに神経を使っているそうです。

そんな服装への厳しいまなざしにまつわる話が、ズボンに関して残されています。

かつては、ズボンの裾《すそ》はダブルに折り返したものが正統とされていました。もともとストレートだったズボンの裾をわざわざ折り返したのは、ビクトリア朝の頃のイギリス紳士たちだったといわれています。

それにはきちんとした理由があって、当時のイギリスの道は舗装されておらず、泥がはねて汚れるのを避けるために裾を折り返していました。

それがいつの間にか習慣化し、イギリス紳士の基本スタイルになったというわけです。日本にも、そのスタイルがそのまま輸入されました。

ところが当のイギリスでは、ズボンを折り返している人は、「何だ、下品な奴だ」と見られていたというのです。

なぜかというと、当時の紳士たちはすべてが召使《めしつか》い任せ。当然ズボンの折り返しもやらせていました。そこで、**「いくら紳士といえども、そこまで召使いにやらせるの**

は、やりすぎだ。人をこき使う下品な奴だ」と見なされていたらしいのです。

ちょっとした細かいところにも厳しい目を光らせる——服装で人を見るということは、こういうことなのです。

ドラキュラには実在のモデルがいた!?

夜になると死体がよみがえり、眠っている人間に忍び寄ってその生き血をすする。この吸血鬼伝説が西ヨーロッパの人たちに知られるようになったのは、一六世紀のこと。私たちになじみが深い「ドラキュラ伯爵」の話も、その吸血鬼伝説の一つです。舞台は、ルーマニアの辺鄙《へんぴ》な地方で、誰も住まない古城のかつての城主が主人公。夜になると柩《ひつぎ》から出て、吸血コウモリに変身して生き血をすすりに回るというストーリーです。数多い吸血鬼伝説の中でも、これには「いかにも」と思わせるリアリティがあります。

ところが、本来の吸血鬼伝説は、吸血コウモリとは無関係だったといいます。

現実には、吸血コウモリはもともとヨーロッパには棲息せず、一八世紀のはじめに中央アメリカや南アメリカで発見され、はじめてその存在が知られたものです。だから、一六世紀のヨーロッパに残された話に出てくるなんてあり得ないはず。ドラキュラの伝説は、一八世紀以後に書き変えられた可能性があるということです。

けれども、吸血コウモリの存在は知らなくても想像することは可能だったはず。果たして、書き変えたものだと決めつけていいのかどうか、疑問の残るところです。

ところで、**このドラキュラという名ですが、これはルーマニア語で「悪魔」や「ドラゴン」を意味するあだ名。**こんなすごいあだ名をつけられた人物は、一五世紀の半ばに実在した南部ルーマニアの支配者、ヴラド三世でした。

敵や裏切り者を生きたまま杭《くい》に串刺しにするという残虐《ざんぎゃく》きわまりない行為を行なったためで、それが吸血鬼伝説と結びついたのだろうとされています。

2章

なぜ「鳥や馬」などは、立ったまま寝ることができる？

【生きもの】雑学

クジラは、なぜ哺乳類なのに水中で生活するの？

プールに潜ればわかるように、私たちは、水中では一分ほどで苦しくなってしまいます。とても、水中生活ができるほど息を止めてはいられませんが、はたして私たちと同じ哺乳類のクジラは、どのくらい水に潜っていられるのでしょうか。

シロナガスクジラの潜水時間は一五分くらいです。これでは、割とひんぱんに息をするために上がってこなければならず、水の中で生活するにはちょっとせわしないという気がします。それでも、人間の潜水能力に比べればはるかに大きいことは間違いありません。マッコウクジラは、なんと一時間以上も潜っているそうです。

それなら、クジラの肺はどんなに大きいのだろうと思いますが、体の大きさを人間と同じくらいとみなして比較すると、人間の一・五倍しかないそうです。

それで、どうして一時間以上も潜っていられるのか不思議ですが、その秘密は、呼吸の仕方が人間とはかなり違うことにあるようです。

私たちは、普通の状態では浅い呼吸をしています。肺の中の空気は一〇～一五％くらいしか入れ換わっていませんが、クジラは一回の呼吸で八〇～九〇％くらいを入れ換えてしまいます。肺の大きさの違いを考えると、**一回の呼吸で人間の一〇倍近くの酸素を取り込んでいることになる**わけです。

また、クジラは筋肉に多量の酸素をため込んでいます。クジラの筋肉中には血液中のヘモグロビンによく似たミオグロビンという物質が多量にあって、その量は陸上の哺乳類の三、四倍にもなるといいます。マッコウクジラでは八～九倍も持っています。

ミオグロビンは、ヘモグロビンと同じように酸素と結びついていますが、筋肉が酸素不足になると酸素を放して補給します。このミオグロビンが赤い色をしたたんぱく質なので、クジラの肉は濃い赤色をしているのです。

肺呼吸のクジラが陸に上がると死んでしまう理由

クジラといえば、「潮吹き」を思い出す人もいるでしょう。あれは海水を吹き出しているのではなく、吐いた息が冷えてそう見えるのですが、いちいちこうして海面に上がってこなければならないのは、肺呼吸をしているクジラのつらいところ。

ウミヘビの一種には、皮膚《ひふ》で水中の酸素を吸収する能力を発達させているものがいるそうですが、どういうわけか、陸から水に戻った動物は全般的に、陸上時代の呼吸方法を捨て去れずにいるようです。

クジラなど体の形まで魚に似てしまっているのに、呼吸のほうは相変わらず肺に頼りきったままというのも、考えてみると不思議な話です。

それなのに、クジラは陸にめっぽう弱く、陸に打ち上げられるとわずか数分で呼吸困難のために死んでしまいます。エラ呼吸の魚でも、普通、陸に上げられてすぐには死にません。それなのになぜ、陸上動物と同じように肺で呼吸しているクジラが、魚より早く死んでしまうのでしょうか。

これは**呼吸法が原因ではなく、実は、大きくなりすぎた体がいけないのです。**

水中では、自分の体重を支える必要がないので、水圧にさえ耐えられれば、ガッチリとした骨組みをしていなくても生きていけます。

皮下脂肪を厚くすることで水圧に対する抵抗力を得たクジラは、海がエサに恵まれていたこともあったのでしょうが、水中に棲む利点を活用して、どんどん巨大化していきました。

シロナガスクジラなどは、最大のもので体長は三二メートル。恐竜の中でも特に大きかったディプロドクス（体長二五メートル）などよりも巨大で、〝地球の歴史上最大の動物〟の栄誉を得ているほどです。

しかし、大きくなるためにクジラがとった方法は、骨のつながりを緩めることでした。この緩んだ骨格では、水の中では支障がなくても、陸上では、一〇〇トン以上（最大級のシロナガスクジラの体重は一七〇トン）もの体重を支えることはできません。

そのために、肺などの生存に必要な機能が押しつぶされてしまい、せっかく陸に里帰りをしても、わずか数分しか生きていられないのです。

野生動物は、なぜ太ったものがいないの？

満腹になって満足そうにくつろぐライオン、いつも草を食べているシマウマなど、アフリカのサバンナにいる野生の動物たちは、いつも好きなだけ獲物を食べているように見えます。

ところが、肥満しているものは一つも見られません。太りすぎのペットが出現しているご時世、なぜ、野生動物は太らないのでしょうか。

運動量が多く、余分なカロリーを脂肪として蓄えておくようなゆとりなどない、ということもあるでしょう。

しかし、正解は別にあります。**彼らは満腹しているように見えても、決してお腹がはちきれるほどは食べていない**のです。

たとえばライオン。彼らは空腹でないときは、近くに獲物となる動物がいても見向きもしません。猟をするのは飢えたときだけで、それも、せっかく苦労してしとめた獲物なのに、腹八分でピタリと食べるのをやめてしまうのです。

自然界が食物連鎖で維持されていることはご存じの通り。この連鎖の環《わ》を維持するには、それぞれの種がバランスよく存在していることが大切で、無駄な殺戮《さつりく》や貪欲《どんよく》な食生活はこれを崩し、やがては自分たちに災いが戻ってくることを本能的に知っているのです。

肉食動物は、なぜ植物を食べなくても健康なの？

肉だけ食べていたのでは栄養のバランスが崩れ、健康によくないことはもはや常識。ところが、ライオンやトラなどの肉食動物は、肉しか食べないのに平気で生きています。これは何か、彼らの体に特別な仕組みでもあるからなのでしょうか。

違います。彼らもきちんと、必要なだけ植物を食べているのです。

彼らがどういうものを食べているか、よく考えてください。

例外なく、草食動物です。といえば、もうおわかりでしょう。

草食動物はその胃に、食べた植物をいっぱい詰め込んでいます。肉食動物は、肉と一緒にそれらの植物も食べているわけです。

イギリスのある栄養学者がアフリカで肉食動物の食生活を観察したところ、彼らはどれも、**草食動物を襲って殺すと、真っ先に腸や胃をかき破り、中に詰まった消化しかかった草に食らいついていた**そうです。

「青白いアカトンボ」がいる！

青白いアカトンボなんて、そんなやつはいないだろうと思うかもしれませんが、瀬戸内海沿岸や近畿地方にはいるのです。

名前はナニワトンボ。トンボなのに日なたを好まず、沼地や池のそばの木陰《こかげ》で生活しています。日陰にいたから青白くなったわけではありませんが、成熟したオスは、確かに少しくすんだ青白色をしています。

赤くないのにアカトンボの仲間、つまり**アカネ属のグループに入れられているのは、体つきが似ていることや雌雄が連結したまま産卵することからきています。**学術的には、後方の羽が広い不均翅亜目《ふきんしあもく》という種類に属しています。同じ種類には、ヤンマ、サナエトンボなどがいます。

ナニワトンボのほかにも、黒くなるマダラナニワトンボなど、アカネ属でありながら赤くならないトンボは六種類もいるそうです。

タコは「頭のいい動物」だって知っていた？

タコは日本人になじみの深い動物なのですが、意外に詳しい生態は知られていないようです。

分類上、タコは貝やナメクジなどと同じ軟体動物に属します。ナメクジと同じ仲間だといわれると、下等な動物のような気がしますが、タコの所属する頭足類《とうそくるい》というのは、軟体動物の中では超エリート集団なのです。

見かけによらず知能は高く、寿命はわずか一年〜一年半ですが、もし二〇年、三〇年と生きられたら、相当な知恵者になるはずだといわれています。

そんな知性派のタコは、狭い水槽に閉じ込めたりすると、ストレスがたまって病気になったり、精神錯乱を起こして自分の足を食べたりすることもあります。

知能が高いだけあって、タコの目は脊椎《せきつい》動物に近い構造をしています。ある研究者がタコの図形識別能力を調べたところ、図形の形状だけでなく、大小、向き、明暗まで識別し、**ネズミやハトよりも優れた学習能力（記憶力）を持っている**ことがわかりました。

また、八本の腕（足）に並ぶ吸盤は、味覚の受容器でもあり、甘み、辛み、苦みを識別する能力は人間のおよそ一〇〇倍というのですから、まったく恐れ入ります。

タコのスミは「目くらましの道具」ではない⁉

海の中ではさまざまな戦いが行なわれますが、タコの場合、一番の天敵はウツボです。ウツボは潜り漁をする海女《あま》や漁師にもっとも嫌われている魚の一種でもあり、泳いでいると足にからみついてくることがあります。タコがこのウツボに食いつかれてしまうと、スミを吐き出す以外防御の手立てはありません。

しかし、食いつかれたあとにスミを出して、何か効果があるのでしょうか。

以前は、このスミは目くらましの煙幕《えんまく》と考えられていましたが、その後、目くらましではなく、相手の嗅覚を攪乱《かくらん》させる作用のあることがわかったのです。足を食われたタコの傷口からはウツボの大好きなエサの匂いが出るのですが、その**匂いをスミでかき消し、第二、第三の攻撃を回避して決定的なダメージから逃れる**のです。

デンキウナギは自分の電気で感電する！

デンキウナギやデンキナマズなどの電気魚は、さながら〝動く発電所〟。体の後ろ四分の三に、電気細胞がぎっしり詰まった発電器官を持っているのです。

発電器官の内部では、電気細胞を何組か直列に接続し、さらにそれを並列に接続して回路をつくっています。

放電するときには運動神経を刺激し、前方から後方へと、器官の中軸に電気を流します。その電圧は、デンキウナギの場合だと八〇〇ボルト。周囲の水には五〇〇ボルトの電気が伝わります。あまりの電圧の高さにデンキウナギ自身も感電するらしく、体がピクピクすることがあります。

しかし、さすがに**感電死は避けられるような体の仕組みになっていて、体内には電気抵抗の強い脂肪もたっぷり。**これが、自ら放った電気が水を伝わって跳ね返ってくるときの絶縁体《ぜつえんたい》代わりになっているようです。

イルカが陸地に近づく意外な理由とは？

ふだんは大海原《おおうなばら》を生活の場としているイルカも、時には陸地に近づき、川を遡ったり、浅瀬に乗り上げたりしてニュースになることがあります。

イルカはコウモリと同じように、ある種の音波を発し、その反射をとらえて行動しています。ところが魚を追って陸地に近づくと、海の濁りがひどいために音波が乱反射して、迷子になって川に入ったり、浅瀬に乗り上げたりするのだといわれます。

しかし、これとは別に、陸地に近づく理由としてとてもユニークな説があります。それは、**イルカは〝淡水の風呂〟に入るために陸地に近づく**というもの。

ご存じのように、イルカは猛スピードで泳ぐことができます。車でもそうですが、速く泳ぐ（走る）ためには、体の表面にできる乱流などが邪魔になります。しかし、イルカは肌に深いシワをつくることで水の流れをスムーズにし、乱流を起こさないようにしているのです。

ところが、イルカに寄生虫がつくと皮膚が硬くなり、シワができにくくなってしまいます。シワができないと速く泳げないため、イルカにとっては死活問題。

そこで淡水風呂が必要なのです。海の寄生虫は淡水に弱く、つけるとすぐに破裂して死んでしまいます。これを知っているイルカが、多少の危険は承知の上で湯治《とうじ》のために陸地に近づくというのです。

シマウマは、なぜ目立つシマ模様をしている？

動物の世界では、食べる側、食べられる側、互いに生き延びていくために、それぞれが必死で知恵を絞り、敵を欺《あざむ》こうとしています。どれも非常にユニークで、その奇《き》想天外《そうてんがい》さには舌を巻くばかりです。

たとえばシマウマ。白と黒の派手な模様はとても目立ちます。ライオンやチーターなどの飢えた肉食獣から身を守るには、見つからないことが第一なのに、あれではわざわざ「ここにいるよ」と宣伝しているようなものです。

……と思うのは人間の浅はかさ。実はあのシマシマは、非常に優れた保護色なのです。

彼らが棲息しているアフリカのサバンナ地帯は、広くなだらかな丘陵の随所に、灌《かん》木《ぼく》（背の低い木）の茂みや背丈の高いくさむらがあります。そして、強烈な太陽。ギラギラと照りつける日差しは、風景から色彩を奪ってしまうかのようです。

そういう環境では、**遠くから見た彼らのストライプ模様は、群れをなせばなすほど、くさむらや灌木林のように見える**のです。すっかり風景と同化してしまい、シマウマがどこにいるのか、まったく見分けられないこともあるそうです。

これは、最初は遠くから獲物を物色するという肉食獣の習性を利用して、見事に欺いた好例といえるでしょう。

競走馬は、なぜ骨折すると殺されてしまうの？

競走馬の代表格といえば、何といってもサラブレッドです。

元はイギリスの原生馬のメスと東洋馬のオスをかけ合わせたもので、強い馬同士をかけ合わせることによって改良が重ねられ、血統が守られてきました。まさに、純粋に走り勝つためだけに生まれてきた馬です。

しかし、細い足で全力を出して走るだけに、事故も少なくありません。多いのが転倒による骨折で、こうなると華やかさは一転して悲劇となります。

競走馬の骨折はほとんどが全治数週間、数か月という重傷で、治療不可能と判断されて殺される運命にあるのです。

残酷と思うかもしれませんが、これは別に走れなくなったから必要ないということではなく、そうするしかないための措置なのです。

骨折した足を治すには、足に体重がかからないようにしなければなりません。それには**横たわらせる必要がありますが、ウマは眠るときも横になることのない動物なの**

で不可能です。とすれば、体を宙づりにする以外にありません。

しかし、何週間、何か月もつるしておくと、体の機能が停滞し、内臓に障害を起こしてしまうのです。

また、そういうふうに身動きができない状態にされると、神経の繊細なウマは、ストレスのために死んでしまうことも少なくなく、生きていても走り勝つという生きがいをすっかり失ってしまうことが多い、ということで、結局、ウマ自身のためにも安楽死がいい、と考えられているわけです。

ウマは、なぜ立ったまま眠ることができるの？

ウマは立ったままで眠るといいましたが、どうしてそんなことが可能なのでしょうか。人間が立ったまま眠れば、すぐに足の関節が折れ曲がってこけてしまいます。

私たち人間は二本足だけど、四本足だと足が曲がっても体を支えることができるのか――こう考えた人もいるかもしれませんが、足の数が四本だろうと六本だろうと、途中で折れ曲がれば、重い体を支えきれずに転倒してしまいます。

では、なぜウマは平気かというと、たとえばウマの前足には、肩、肘《ひじ》、足首、指の四か所に関節がありますが、それぞれが交互に逆向きにつくられているからです。要するに、肩と足首の関節は前向きに、肘と指の関節は後ろ向きに、という形です。

これだと、**まっすぐに伸ばせば、足は棒と同じになります。**立てた棒が、垂直の荷重に対して強いとの同じ原理です。体重は、向きの違う隣同士の関節で相殺《そうさい》されるので、ほとんど関節に負担をかけずストレートに地面に伝わっていきます。

指紋があるのは人間だけなの？

誰一人として同じ模様がないという指紋は、手の指先だけでなく、手のひらや足の裏にもあります……おっと、こういういい方をしてはいけないのでした。手のひらの紋は掌紋《しょうもん》、足の裏の紋は足紋《そくもん》という、立派な名前があるのですから。

ところで、これらの皮膚の紋は人間だけのものではなく、サルにもあることを知っていましたか。これは、霊長類だけに見られる特徴で、サルの中には、シッポの先にあるものや、指の内側だけでなく外側にまであるものもいます。

この紋は、皮膚から細かい線が隆起した状態なので皮膚隆線《りゅうせん》といいますが、なぜ、〝サル族〟だけにこの皮膚隆線があるのでしょう。

答えは、ものを確実につかむためです。

隆線は、ものと手のあいだに摩擦力をつくり出します。でもそれだけでは、つかんだものが滑らないようにするには不十分なので、この隆線には汗の出口である汗腺《かんせん》と、神経の末端が集められているのです。つまり、**汗で湿り気を与えて摩擦を強め、つかんだものの感触を神経で敏感に感じ取れるようにできている**わけです。

こうまでしてものをつかむ便宜を図っているのは何のためでしょうか。

森に棲み、木の上に暮らし、木の実や葉や昆虫などを捕まえて生きていくには、ものを確実につかめることが、何よりも大切だからです。

そういう意味で、人間の皮膚隆線はサルの時代の名残ともいえますが、やがて人間は道具を使うことを覚え、サルよりも確実にものをつかむことが要求されるようになったのです。

なぜ人間にはしっぽがないの？

人間にはどうして尾（しっぽ）がないのでしょうか。人類に進化する前のサルの頃は尾があったはずなのに、なぜなくなってしまったのでしょう。

その答えを探るには、尾のある動物にとって、尾とは何であるのかを考えてみるといいでしょう。

リス、キツネ、カンガルーなどは、跳《と》んだり跳《は》ねたりするとき、尾を上手に使って体のバランスを取っています。敵を威《い》嚇《かく》したり、降伏の印として尾を上げ下げしたりする動物もいます。木の上で生活するサルは、枝にぶら下がったり木の実を取ったりと、手足の代わりに尾を使っています。ウシ、ウマ、ライオンなどの尾は虫を追い払う役目をしているし、カバはあの短い尾を左右に振ってフンを撒き散らすことで、縄張りを主張しているそうです。

このように尾は、動物にとって大切なものなのです。

ところが、イヌやブタのように家畜化された動物では、畜養萎縮《ちくよういしゅく》といって、尾がシンボル化し、退化の兆《きざ》しを示しているのです。

いい例がイヌ。野生のイヌは、寒気や寄生虫から身を守るために常に尾で尻を隠していますが、飼い犬はほとんどそんなことはせず、ピンと上に立てています。本来の必要性がなくなり、尾が自分を誇示するための道具と化してしまったのです。

人間も同じで、直立して二本足で歩き始めると尾が邪魔になり、尾骶骨《びていこつ》という痕跡《こんせき》だけ残して、退化してしまったのです。

霊長類だけ「目が正面についている」理由

指紋と同じく、霊長類に共通している大きな特徴が、もう一つあります。

それは目です。

ほかの動物の頭は、どちらかというと正面が尖《とが》ったかっこうをしていて、目は側面に近いところにあり、それぞれ違う方向を向いています。ところが、霊長類の頭は正面が平たくて目は前方にあり、両目とも同じ方向を向いています。

これも、指紋と同じ理由からです。もし両目がそっぽを向いていたら、ものをつかもうとするとき、どちらか一方の目に頼ることになります。片目をつぶってものをつかんでみてください。やりにくいはずです。小さなものなど、手先が狂ってつかみそこなってしまいます。

森のサルも同じです。一つの目だけでは、枝をつかもうと手を伸ばしても空《くう》を切ってしまうし、木の実をつかみ取ることもできません。片目では距離感がつかめないからで、これでは死活問題です。

だから自然と、霊長類の目は正面に二つ寄ることになったのです。これは三角測量の原理と同じで、**二点から一点に焦点を合わせることで距離を正確に知るため、つまり、ものをつかみやすくするため**です。

反対に、ヒョウやライオンなどの目が側面にあるのは、広い角度が見渡せて獲物の状態がわかりやすいからです。

また、シカなどの草食動物の場合は、襲ってくる敵を発見しやすいように、やはり広い角度が見えるようになっているのです。手を使わないので、エサを食べるにも支障はありませんし、嗅覚《きゅうかく》という武器があります。目は、広く周囲のあやしげな動きを探りながら、エサを鼻で探って食べるのに都合のいいようにできているわけです。

ウサギの「長ーい耳」は何のためにある？

ふだんはちょこんと跳ねては立ち止まり、耳をすましてまた跳ねて、を繰り返しているウサギですが、その気になれば相当なスピードで走れます。

野ウサギが敵に追われたときなど時速七〇キロで逃げるそうですから、あの足の長いキリンの時速四〇キロより、はるかに速いのです。

しかし妙なのは、全力疾走する野ウサギが耳を立てたままでいること。

敵の居所や接近してくるかどうかを探るときになら、感度のよい耳を立てる必要があることもわかりますが、追われているのがはっきりしている以上は、耳の集音機能はさほど必要がないような気がします。第一、あんなに長い耳では、空気の抵抗を受けて走る邪魔になりそうです。

ところがウサギにとっては、全力疾走のような激しい運動のときこそ、耳を立てておく必要があるのです。なぜかといえば、体熱を放出するため。人間なら発汗で、イヌなら舌を出すことで余分な体熱を放出しますが、ウサギは耳から熱を出して体温が上がりすぎないようにしているわけです。

要するに、あの**長い耳は体温調節機能が主な役割**。集音器として優れていることも確かですが、それだけなら縦長に限る必要はありません。耳が長いのは、上のほうへ熱を逃がすための形なのです。

五か月間も海に潜ったままのカメがいる！

「鶴は千年、亀は万年」というように、カメは長寿のシンボルとして、おめでたい動物の一つに数えられています。

現在、世界中には約二四〇種のカメがいます。陸性、水性、水陸両性、海洋性の四タイプに分かれ、体の構造もそれぞれの生活スタイルに適応した変化が見られます。

たとえば海洋性のウミガメ類は、水の抵抗を少なくするため、甲は軽く平らになり、足は扁平なオール状です。また、陸性のカメと違って頭や足を引っ込めることができません。これは水の中に外敵が少なく、その必要がないからです。

ウミガメの中で、もっとも水中生活に適応しているのがオサガメ。スピードだけでなく、水面下一二〇〇メートルまで潜水できるというから驚き。深さだけならクジラやキタゾウアザラシといい勝負ですが、オサガメは、一回の潜水でなんと一五〇日、約五か月間も潜っていられるのです。

その秘密は、**エネルギー源を脂肪からグリコーゲンに切り換えて、酸素を使わずに動き回れるようにしている**からです。これには体の大きさも無視できません。オサガメの体重は最大九〇〇キロにもなります。あの巨大なゾウガメですらせいぜい三〇〇キロですから、オサガメは大型のワニと並んでもっとも大きい爬虫類《はちゅうるい》。

動物のエネルギー消費量は、体が大きいほどエネルギーを無駄遣いしなくてすむのです。さらに、大きい体は断熱効果も高いため、オサガメは北極付近の冷たい海の中でも平気で泳ぎ回ることができるというわけです。

ハゲワシの頭がハゲているのは何のため？

ハゲワシやコンドルなどは不気味な動物です。

どうやって嗅ぎつけるのか、獲物を食べているところにいつの間にか集まっていて、あの鋭い目でじっと隙をうかがっている姿。それだけならまだしも、むさぼるように死骸に群がり食らう姿は、まさにおぞましいの一言に尽きます。

チベットや西インドには、鳥葬といって、死者の屍《しかばね》を丘の上などに運んでこれらのトリたちに始末させる風習があります。これは、食物連鎖の摂理にはかなっているのかもしれませんが、やはり私たちは不快感がぬぐえません。

ところで不思議なのは、これらのトリたちの頭がハゲていることです。これは、死骸を始末する自然界の葬儀屋だからなのではなく、彼らなりの生き延びるための知恵なのです。

彼らの食べ方を見ればわかります。表面をつついたりかじったりするのではなく、死骸の破れたところから首を突っ込んで中身を食らうのです。

もし**羽毛があったのでは、食べるときに不都合です。**首を引き出すときに引っかかるし、血や肉が付着して汚れてしまいます。そこで、「不要なものはいらず」の進化の法則が作用して、あのかっこうになったわけです。その証拠に、同じハゲといっても、トリによってハゲかたに違いがあります。

たとえば、コンドルやシロエリワシは、頭だけでなく首の上半分までハゲていますが、ヒメコンドルとクロコンドルは頭全部、それがハゲワシになると側頭部や後頭部には羽毛があり、ハゲているのは顔から頭頂部にかけてのみ、というようにさまざま。ハゲた部分が多いトリは、それだけ深く首を突っ込むからで、その度合に応じてハゲかたも違っているのです。

大型恐竜は、なぜ首としっぽが長くなった？

プラキオサウルスやアパトサウルス、もっと大きなウルトラサウルス、スーパーサウルス、いずれも大型恐竜は首としっぽが長かったようです。

彼らは、重い体を支えるために水の中で暮らしていて、水面に顔を出すために首が長くなったといわれていました。しかし、陸上で群れをなして生活しているような化石がいくつも見つかり、この説はあやしくなってきました。

また、キリンのように、高い木の葉を食べるために首が伸びたのではないかとも考えられます。でも、体長はブラキオサウルスで二〇メートル、スーパーサウルスでは三〇メートルほどにまでなっていたのですから、木の葉を取るだけのためにそれほど大きくならなければならなかったというのも、ちょっと疑問です。

恐竜は恒温動物だったと一部で考えられていますが、大型恐竜の場合、体の容積に比べて表面積が小さいので、体を温めることより冷やすことのほうが問題だったようです。そこで、**あの長いしっぽと首から、体の熱を発散させていたのではないか**と考えられています。

私たちの手や足も、冷却装置として働いています。余談ですが、暑い季節になっても手や足をすっぽり覆うような服を着ていると、夜になっても深部体温が下がらず、不眠の原因になるそうです。

大型恐竜は体を冷やすのが難しかったとすると、一日に何回かは水に入って体を冷やしていたのかもしれません。そうすると、水の中から顔を出すのに長い首が役立っていたという説も生きてきます。

「始祖鳥《しそちょう》が最古のトリ」というのはウソ？

始祖鳥は、爬虫類と鳥類の中間の性質を持っていて、鳥類が爬虫類から進化したことを示す化石として有名です。ズバリ名前通り、鳥類の起源ともいわれています。

しかし、始祖鳥が最古のトリだという説は、あやしくなっているのだそうです。

一九八六年に、始祖鳥の化石から遡ること七六〇〇万年、二億二五〇〇万年前の地層から、実際に空を飛べたらしい鳥類の化石が発見されました。このトリをプロトエイビスというのですが、骨が中空になっていて、始祖鳥よりもはるかにうまく空を飛べたらしいのです。

そうなると、**始祖鳥はプロトエイビスの一派から爬虫類へと〝退化した〟種ではないか**という可能性も考えられます。少なくとも、化石の始祖鳥が生きていた当時は、すでに完全なトリが飛び回っていたことは確かです。

空を飛べない始祖鳥の翼は何のためにあった？

始祖鳥の翼は、羽毛の少なさと翼の面積、それに体の重さから考えると、空を飛ぶというようなシロモノではなかったようです。高いところから飛び下りるくらいが精一杯というところでしょうか。

そこで、空を飛ぶためではないのになぜ翼ができたのか、という疑問が残りますが、それについては諸説紛々《しょせつふんぷん》で、思わず笑ってしまうようなものもたくさんあります。

その一つが、体温調節用だったという説。

寒いときには、羽毛をふくらませて体を温めるのですが、暑いときには翼をバタバタさせて涼みます。**ものすごく暑い日に、バタバタやっているうちにフワッと体が浮いて、そのうち飛翔器官として発達していった**という笑える話もあります。これなどは、あまりにデキすぎた話のような気もしますが。

そのほかに、虫捕り用の器官として発達したという説もありますが、どう見ても、翼がハエたたきに適しているとは思えません。

セミはいつ脱皮しているの?

夏になると、木の幹にくっついているセミの抜け殻をよく目にします。子どもの頃、この抜け殻集めに夢中になったという人もいるのではないでしょうか。

ところで、抜け殻は目にするけれど、セミの脱皮がいつ行なわれているのかは、意外に知られていません。

午後七時頃、セミは地中の穴から這い出し、夜のあいだに脱皮するのです。

セミが夜のあいだにコトを進めてしまうのには深い理由があります。

セミの幼虫が七年間も地中で生活することはよく知られていますが、実はこの幼虫、小鳥の大好物なのです。ですから、小鳥が活動している日中や早朝に穴を出てウロウロしていると、すぐに見つかって食べられてしまいます。運よくそこで捕まらなくても、脱皮中の何時間かはまったく動けないわけですから、とても危険。食べられたのでは、地中での七年間が水の泡になってしまいます。

そこで幼虫は本能に従って、**小鳥が巣に帰り眠る時刻を見計らったように、地中の穴を抜け出し、安全な夜のあいだに脱皮をすましてしまう**のです。そして、小鳥のさえずり始める頃には、自力で逃げることのできる羽が立派に備わっているわけです。羽さえあれば、木々のあいだをぬって逃げのびることができます。

自然界は本当にうまくできているのです。

ヘビは、なぜ足がないのにスルスルと動ける？

アオダイショウなどは毒ヘビではないとわかっていても、やはりいい気持ちはしません。ヘビをペットとして飼う人が増えているとはいうものの、ヘビ好きの人がまだかなりの少数派であるところを見ると、よほど人間と相性が悪いのでしょうか。

嫌われる第一の理由はその姿形で、次いで音もなくニョロニョロ出現することが嫌

だという人も多いようです。そのニョロニョロですが、足もないのにどうやって素早く進むことができるのでしょうか。

ヘビを裏返してみると白い腹にウロコしかありませんが、このウロコが順々に立って地面を蹴り、前に進むのです。ヘビを解剖してみると、非常にたくさんの肋骨《ろっこつ》のあることがわかります。この**肋骨にウロコを動かす筋肉がついて、一つひとつのウロコを動かすことができる**わけです。わかりやすくいえば肋骨が足の骨、ウロコが足ということになります。

都会に暮らすハトは「野鳥」といえるの？

「三枝《さんし》の礼」という言葉があります。

これはハトの習性から生まれたもので、「ハトの子は親が止まった枝より三つ下の枝に止まる習性がある。そのハトが親を敬《うやま》う姿を見習いなさい」という意味です。

本当にそういう習性がハトにあるかどうかは疑問ですが、ハトがそれだけ、昔から私たち人間にとっては身近な存在だったということでしょう。

神社やお寺、公園だけでなく、都会のあちこちで群をなすハトをドバトといい、今やすっかり人間と共存しています。

ところで、このドバトも野鳥のうちに入るのでしょうか。

一般的には、どういう形であれ人間が餌《え》づけをしたものは、厳密には野生動物とはいえない、とされています。その意味では、ドバトは明らかに野鳥ではありません。

また、彼らは血統的にみても野鳥ではないのです。

先祖は立派な野鳥のカワラバトですが、**ドバトはそれを改良した飼育品種である家バトや伝書バトが人間のもとから逃げ、ああして野生化したもの**だからです。

そして、神社のお堂などにたむろしていたので「堂鳩《どうばと》」と呼ばれ、それがなまってドバトとなったわけです。

ハトの野生種はあまり知られていないようですが、日本には、カワラバト、カラスバト、シラコバト、キジバト、アオバトなどが棲息しています。

蛇足ですが、同じハトでも「鳩」と書くのは野生種のことで、家バトは「鴿」と書くほうが正しいということになります。

水鳥は足を氷水につけたままでも冷たくないの？

冬、氷の張った池で、カモやハクチョウ、サギなどの水鳥が泳いでいたり、足を水につけて立っている姿を見かけたことがあると思います。

私たちがちょっと手を入れただけでも耐えられないような冷たい水に、なぜ、彼らはああして長いこと入ったままでいても平気なのでしょうか。

体のほうは、羽毛や羽に包まれているのでわかります。水に浮くためにも大いに役立っている羽のあいだの空気が、断熱材の役割をしているわけです。

しかし、足はむき出しです。それなのに悠々《ゆうゆう》としていられるのは、もしかして神経がないのでは、と思いたいところですが、もちろん立派に神経は通っています。

実をいうと、ここが自然のよくできたところで、彼らの足のつけ根に近い部分にワンダーネットというヒートポンプがあり、**体と足の体温に差をつけて、二重体温にす**

ることで冷たさを感じないようにしているのです。

私たちが熱さや冷たさを感じる場合を考えてください。〇度の水と一〇度の水の冷たさが違うと感じるのは、体温との差が異なるからです。逆にいえば、いくら冷たい水でも体温が同じように冷たければ、耐えられないほど冷たいとは感じないことになります。

ワンダーネットでは、動脈の毛細血管が網の目のように互いにクロスし合っています。つまり、足からの冷えた血液と体からの温かい血液がここで血管を接して流れるうちに、互いの熱が交換され、足には常に冷えた血液がいくという仕組みなのです。

トリは、なぜ電線や枝で立ったまま眠れるの？

立ったまま眠るということでは、トリほど上手なものはいないでしょう。

木の枝や電線に止まったまま眠るものもいれば、ツルのように一本足で立ったまま眠るものもいます。

あんなに細い足で大きな体を支える、不安定なかっこうをしたトリが、どうして立ったまま眠れるのでしょうか。

その謎を解くカギは、足指の腱《けん》の構造にあります。

この腱は、足の上のほうの筋肉とつながっていて、**引っ張られると足指が自動的にぐっと曲げられ、しっかりと木の枝や電線をつかめる**仕組みになっているのです。

彼らがうずくまって眠っているときは、足が曲がった状態になっています。つまり腱は引っ張られている状態にあるわけですから、足指は自動的に曲がって木の枝をしっかりつかんでいられるということになるわけです。

ガはチョウの先祖だった？

チョウとガ、似たような姿をしていながら、一方は色鮮やかで華やかで優美なのに、もう一方は陰気で毒々しい見た目。それにガは触角も太くて、とても不気味な感じがします。両方とも、分類上は鱗翅目《りんしもく》に属している兄弟のような関係なのに、どうしてこんなに感じが違うのでしょうか。

確かに、兄弟ならもう少し似ていてもいいはずですが、この二つ、実はチョウが人間ならガはサルといってもいい関係。つまり、ガはチョウの遠い先祖に当たるのです。ガはほとんど夜行性ですが、チョウは昼に行動します。この行動時間の違いが、それを証明してくれるのです。

というのは、大昔、ガのように羽に鱗粉《りんぷん》がある昆虫はすべて夜行性で、チョウのように昼行性のものはいなかったからです。サルが森から草原（サバンナ）に出たように、あるとき、**ガの一種が昼に寝るのをやめたわけです。**

サルは、木がないので二本足で歩くようになりましたが、ガのほうも、暗闇から太陽の光の中に出たことで、同じように変化が起きます。明るい昼間は暗い夜と違って、ものがよく見えるし見られる世界です。暗闇を飛ぶときに頼りにしていた太い触角も、ここではそう重要ではありません。

ということで、触角は退化。羽の色も、敵をおびやかすためや、蜜を求めて花のあいだを飛ぶときの保護色のためなどを目的として、鮮やかな色に変わっていったのです。

シカが我が子を守るための「すごい作戦」とは？

シカが我が子を守る知恵にはすごいものがあります。

ほっそりとした足が語るように彼らにとっては脚力だけが命綱で、肉食獣に追いかけられると、とにかく猛スピードで走ります。

ところが、困るのは生まれて間もない子どもがいる場合。まだ走れないので、一緒に連れて逃げ回れば、捕まってしまうのは目に見えています。そこで、彼らが考え出したのは、こんな作戦です。

母ジカは、ここなら大丈夫と思える物陰を見つけて出産すると、一緒に走れるようになるまで三日間ほど、そこへ置き去りにしたままにするのです。子ジカも本能的に隠れる術《すべ》を心得ていて、そのあいだはそこにじっとしているそうです。

母ジカは安全なときを見計らい、日に数回ほど授乳にいきますが、それ以外はまったく知らんぷり。敵が近づいていても見て見ぬふりで、決して助けにはいかないそうです。

しかし、肉食動物は嗅覚が優れています。近くにいるものを探すときは、目よりも鼻に頼るのが彼らの習性。こんなやり方では、むざむざ敵に我が子をやってしまうようなものだと思われるかもしれません。

ところが、そうではないのです。母ジカは、**産まれた子ジカの体をきれいになめ回し、それでほぼ完全に子ジカの匂いを消し去ります。**このため、子ジカが動かない限り、いくら嗅覚の鋭い動物でも、なかなか見つけることはできないのだそうです。

ゴリラとチンパンジー、どちらが「やさしい性格」？

昔、東京の多摩《たま》自然動物公園で実際にあった話です。

ゴリラを見ていた子どもが、塀から体を乗り出しすぎて堀に落ちてしまいました。すると、それを見たゴリラが自分も堀に下り、泣いている子どものそばに行ったのです。

「あっ、襲われる！」と、見ていた人たちは大騒ぎ。

通報を受けて駆けつけた飼育係が、刺激しないようにと恐る恐る近づいていくと、ゴリラは幼児を抱きかかえてギロリと彼をにらみつけました。みんな、そのとき「ああ、もう駄目だ」と思ったそうです。

さて、このあとゴリラはどうしたと思いますか。

何と、抱いていた子どもを、そうっと飼育係に差し出したのです。そのゴリラは子どもを助けにいったのでした。

ゴリラというと、体が大きくて怖そうな顔つきをしているためか、獰猛《どうもう》な動物だと思っている人が少なくないようです。ところが、それはまったくの誤解で、**本当は暴力など好まない、やさしくて頭のいい動物**だということがこの話でよくわかります。

「あれが、チンパンジーだったらどうなっていたかわからない」と、類人猿に詳しい人たちはいいます。ゴリラは草食性ですがチンパンジーは雑食性で、ゴリラに比べるとはるかに獰猛で、攻撃的な性質をしているからです。

昆虫は、なぜ死ぬとあお向けになる？

セミ、クワガタ、コオロギ、テントウムシなど、昆虫の死骸《しがい》はほとんど決まってあお向けのかっこうをしています。これはどうしてなのでしょうか。

結論からいえば、それが**彼らには本当の休息の姿なのだ、**ということです。

昆虫には三対、六本の足があります。このように足の数が多くて細いのは、体重を上手に分散させ、どこにでも軽々とバランスよく止まれるためだといわれています。

その六本の足を、乱れることなく屈伸させて動き回る姿は見事なものですが、これはもちろん、私たちと同様、筋肉が関節を統制しているからです。

ところが死ぬと、その筋肉は化学変化を起こして収縮してしまうのです。そのため、足は内側に折り曲げられて体の重さを支えられなくなり、コロリとひっくり返って永遠の休息に入るわけです。

チョウはあお向けではなく横倒しの形になりますが、これは大きい羽のせいで、体の重さを支えられないという理由は同じです。

ところで昆虫には、危険が迫るとあお向けになって死んだふりをするものがいます。これは擬死《ぎし》といい、よく見ると足の位置が本当に死んだときとは違っているはずです。

コオロギの鳴き声は〝口説き〟に〝脅し〟？

秋の夜、草むらから「リーンリーン」「コロコロコロ」と虫たちの澄んだ音色が響いてきます。スズムシ、マツムシ、スズムシに似たカンタンなど、これら秋の名演奏家たちは、すべてコオロギの仲間です。日本には約五〇種類のコオロギが棲息していますが、その音色は種類によって全部異なります。

コオロギの鳴き声は、同じ種類の仲間同士が情報を伝達するための音の信号なのです。基本的には、オスがメスを呼ぶために鳴くのですが、同じ種類のコオロギでも、状況によって何通りかの鳴き方があります。

私たちがよく耳にするのは、音量があり、遠くまでよく響く〝よび鳴き〟で、不特定多数のメスを引き寄せるのと同時に、ほかのオスとの距離を保つ機能があります。

さて、**一匹のメスがオスのそばに現われ、夜が明けてくると、鳴き声はささやくような〝口説き鳴き〟に変わります。**これで、メスを交尾に誘うのです。

もう一つが〝脅し鳴き〟で、邪魔なオスが紛れ込んだりすると、「チ、チ、チ」と短く切ったような鳴き声で追い払うのです。

音による情報の伝達は、暗闇でも、石の下からでも発信でき、風に邪魔されることもないので、視覚や嗅覚による伝達に比べ多くのメリットがある半面、カエルや小鳥などの天敵に見つかりやすいという弱点があります。

このため、マツムシモドキ、カヤコオロギなどのように、コオロギのくせに鳴くのをやめた変わり者もいます。これらのコオロギは、自分が止まっている草の葉や茎を揺すって、その振動で仲間に情報を伝えます。音の場合と同じように、振動のリズムは種類によって違うそうです。

こうしてみると、優雅で心地よく響く虫の鳴き声も、彼らにしてみれば、まさに〝命懸けの歌〟なのです。

獲物をくわえたワニはどうやって呼吸する？

ワニというと、獰猛な動物というイメージがあります。

川で泳いでいると、岸からスルスルとやってきて、大きな口を開けて襲いかかる、そんなシーンを思い出す人も多いでしょう。アメリカの動物学者、O・P・ブレランド博士によると、実際に、陸に上がって獲物を捕えると川まで引きずっていき、溺れさせて食べたという目撃例もあるそうです。

しかし、ワニというワニがすべてこんなに凶暴なわけではありません。ワニは、よく知られているアリゲーターとクロコダイルのほかに、カイマンとガビアルの四種類に分けられていて、人を襲うほど凶暴な性格なのは、クロコダイルだけなのです。クロコダイルは、特に凶暴なことで知られるナイルワニ（アフリカ）やイリエワニ（オーストラリアなど）をはじめ十数種いて、熱帯地方の各地に棲息しています。

ワニといえば、面白いのが舌の働きです。

ほかの爬虫類のようにペロペロと口から出せないようにできていますが、隆起させるとピタリとノドを塞いでしまうのです。しかし、鼻腔《びこう》が舌よりも奥に通じているので、こうしていても呼吸はできます。

口の中の水が肺に流れ込まないように、**舌が防水壁の役割をしているので、獲物をくわえたまま溺れさせることができる**わけです。

また、鼻腔や耳にも弁があり、水中深く獲物をくわえたまま潜る場合には、それを閉めれば水の侵入は完全に防げるようになっています。

貝にある〝舌のような物体〟はいったい何？

アサリやハマグリなどの二枚貝には、二本の管と、何やらベロベロした、舌のようなものがついています。

管の役目は水を吸う口と吐き出す口です。一方の口から海水を吸い込んで、水中の酸素やプランクトンを体内に取り入れたあと、もう一方の管から不要な水を排出するというわけ。これは、ほかの多くの貝類や海中の軟体動物と同じ方式です。

では、舌のような物体の正体は？

実は、**貝にとってこれは舌ではなく、足なのです。**ふだんは貝殻の端、足のあるほうの端を海底や泥や砂の中に埋めるようにして、しっかりと立っています。そしていざ移動するときには、貝殻のすき間から足を出し、海底をグイッと押しながら前進します。

潮干狩りの際、干潟《ひがた》から掘り出されたアサリが、砂をたたきつけるようにして勢いよく動きまわることもあります。宙にこそ浮かばないものの、勢いよく跳ねまわるといった感じ。あり余る元気に驚かされたりもしますが、あれは不意打ちをくらって砂の上に出されたアサリの、精一杯の逃げ足なのかもしれません。

クラゲの針は意外に「高度な仕組み」！

夏も終わりになる頃、海水浴場にはクラゲが押し寄せてきます。刺されたことのある人ならご存じでしょうが、しびれたような痛みや真っ赤な腫れようは、虫刺されの比ではありません。

あの嫌な相手の襲来に備えて、敵を知るために針の仕組みを調べておきましょう。

クラゲのかさの下からは、何本もの触手が出ています。触手の表面には刺胞《しほう》という細胞がありますが、これは読んで字のごとく刺すための機能を持った細胞です。

このにっくき細胞の中には、**長くて細い針状の管が、ゼンマイのように巻かれて入っています。**おまけに毒液も入っているのです。

そして触手が人や魚に触れた途端、ゼンマイ式の管が飛び出して長く伸び、刺して毒液を送り込むのです。

クラゲは腔腸《こうちょう》動物といって、下等で原始的で単純な生物の仲間とされていますが、毒針の仕組みはたいしたものです。

「焼酎一杯グーイ」と鳴くトリがいる!?

「ウグイスの鳴き声は?」と聞かれれば、ほとんどの人が「ホーホケキョ」と答えるはず。ところが、同じ質問を外国人にしても、決してホーホケキョとは答えません。

これは〝聞きなし〟といって、トリの鳴き声を人間の言葉に当てはめて聞いているのです。ホーホケキョは「法《ほう》・法華経《ほけきょう》」の意味ですし、日本人には「ちょっと来い、ちょっと来い」と聞こえるコジュケイの声も、アメリカ人には「ワン・ツー・スリー」と聞こえるとか。

聞きなしには、地方によって昔から伝えられてきたユニークなものがたくさんあります。ここで、いくつか紹介しましょう。

・フクロウ＝五《ご》郎《ろ》助奉公《すけほうこう》、ボロ着て奉公
・メジロ＝長兵衛《ちょうべえ》　久兵衛《きゅうべえ》　長久兵衛《ちょうきゅうべえ》
・ツバメ＝土食って虫食ってしぶーい
・サンコウチョウ＝月日《つきひ》星《ほし》ホイホイホイ
・センダイムシクイ＝焼酎一杯グーイ
・ホトトギス＝天辺翔《てっぺんか》けたか、特許許可局《とっきょきょかきょく》
・ホオジロ＝一筆啓上《いっぴつけいじょう》仕《つかまつ》り候《そうろう》、源平《げんぺい》つつじ白つつじ

最後の**ホオジロの声を「サッポロラーメン、ミソラーメン」と聞いている人もいる**そうですから、自分なりに新しい聞きなしを考えてみてはいかがでしょうか。

ハエにとって人間の世界はどのくらい快適？

ゴキブリと並んで嫌われ者のハエ。でも、三億年以上の歴史のあるゴキブリと違って、ハエのほうは新参者。だから、ハエが地球上で生活しようとしたときは、どこも別の昆虫でいっぱい。その中に割り込むのは、ほかの種類がやっていないことをやるしかありませんでした。

その一つが、幼虫の「どこにでも潜り込んでいく」という性質。そこで成虫は、木の葉の上、果実、動物の死骸や糞など、幼虫が潜り込みやすい柔らかい場所を選んでタマゴを産みつけたのです。

どれも、栄養の豊かなものばかり。その中に潜っている限りは安全なため、幼虫の生存率は高く、どんどん成虫が誕生していったのです。

ただし、成虫は空中を飛び回るため、サナギになるとき、成虫が羽化しやすいように、乾いたところに出なくてはなりません。

この這い出す時期と、サナギの時期は、トリやカエルに襲われる危険があります。成虫も、よく発達した筋肉を持つ羽があるものの、トリやカマキリに狙われ、クモの巣にかかったりと、幼虫時代のように安全とはいえません。

そう考えると、**食べものが豊富で、怖い天敵もいない人間世界は居心地抜群。**こうして、人間の住環境へ次第に進出することになったのです。

といっても、人間に害を与えるハエは少数で、しかも大部分は、人間が住むところとは別の環境で生きているのです。

3章

「電話番号」は、なぜどれも“0”から始まるの？

【身近な科学】雑学

電話番号は、なぜどれも〝0〟から始まるの？

固定電話の番号が、市外局番、市内局番、加入者番号の順になっているのはご存じの通りです。でも、市外局番の一番初めは03とか042などと、全国どこでも0で始まっています。

どうしてでしょう。日本を表わす番号でしょうか。それとも、まだ電話がどんどん増えるだろうと見越して空けてあるのでしょうか。

この0は、「市内局番のエリア外に出るよ」という合図なのです。だから、市内通話のときは市外局番を回す必要がないので、頭に0はつきません。市外局番は、市内エリアの外から出るよと合図をしてから、相手の地域を指定する形になっているのです。

「原子力」でどうやって発電しているの？

原子力発電では、ウランやプルトニウムの核が分裂し、そのときに出る熱エネルギーを電気エネルギーに変えています。「ウランが燃えている」のですが、この「燃える」は一般的な燃焼とは違います。いったい、何が燃えているのでしょうか。

核分裂を起こすと、ウランやプルトニウムそのものがエネルギーに変わってしまいます。物質がなくなり、熱に変わってしまうのです。これは、**自然界の基本原理「質量保存の法則」に反する不思議な現象**です。

石油を密閉容器の中で燃やすと、熱エネルギーが出ても、燃焼の前と後では容器全体の重さは変わっていません。「質量保存の法則」は、ちゃんと成り立っています。ところが、ウランを密閉容器で「燃やす」と、燃えたあとのほうが軽くなります。一部のウランが、熱エネルギーに変わってしまったのです。

核分裂では、物質そのものがエネルギーに変わることを「燃える」といいます。石油が酸素と結びつく燃焼とは、まったく違う反応なのです。また核融合《かくゆうごう》も、物質がエネルギーに変わる反応です。多くの電力を生み出す裏側では、自然界の法則をも超えた変化が起きていたのです。

「揚水《ようすい》発電」って損？　それとも経済的？

揚水発電というのをご存じですか。普通の水力発電所では、使った水は川下のほうへ流してしまいますが、揚水発電所では発電に使った水を下の貯水池にためておき、またモーターで引き上げて使うというもので、電気を経済的に使うためにつくられたものです。

でも、ちょっと待ってください。せっかく水力発電で電気をつくっても、そのエネルギーを水を引き上げるために使ってしまっては何にもなりません。エネルギー的にはプラスになるどころか、摩擦や熱でなくなる分だけ損をしています。

いったい何のために、こんなことをやっているのでしょう。

これは実は、**夜間の過剰な発電で生じたエネルギーを、別な形にして蓄えるため**なのです。

夜は、電気の消費量がぐっと少なくなりますが、だからといって原子力発電所や火力発電所では機械を止めるわけにはいきません。いつも一定の速度で動かすほうが効率がよく、機械にもあまり負担がかからないのです。そのため、夜間でも一定量の発電を続けなければなりませんが、電気は蓄えておけないので、使われなかった電気は無駄になってしまいます。エネルギー問題が深刻になってきているのに、何とももったいない話です。

そこで揚水発電では、使われなかった夜間の電気でモーターを回して水を上に上げます。これで、電気のエネルギーが水の位置エネルギーとして蓄えられたことになります。そして翌日、水を流して発電すると、夜間の余剰エネルギーが有効に使われたことになるのです。

それでも何だか、ちょっと無駄なことをしているような気がするのですが……。直接電気エネルギーを蓄えられるような、何か有効な方法はないのでしょうか。

くしゃみの風速は新幹線よりも高速!?

強風や台風の風速に比べれば、人間の吐く息なんてカメの歩みのようなもの。

……と思いきや、驚くほどのスピードがあるのです。普通の呼吸は、時速一〇～二〇キロメートル。自転車とほぼ同じ速さです。

ところが、**せきをしたとき口から飛んだ空気は、時速二〇〇～四〇〇キロ。**マスクでウイルスの拡散を防いだつもりになっていても、これだけの勢いでせきをすれば、拡散を完全に防ぐことはできません。くしゃみは時速三二〇キロ。ほんの一秒あまりで、一〇〇メートル先の人に届いてしまいます。

ちなみに、東海道新幹線の営業最高速度が時速二七〇キロ、台風の風速が時速一二〇キロ。すごい速さで息を飛ばしているのですから、せきやくしゃみを連発すると疲れるのも無理はありません。

電気の周波数は、なぜ関東五〇Hz《ヘルツ》、関西六〇Hzと違うの？

引越ししたことのない人は知らないかもしれませんが、日本列島の電気事情は、静岡県の富士川を境にして関東五〇Hz、関西六〇Hzとなっています。Hzというのはプラスとマイナスの組み合わせのことで、一秒間にどれだけの回数この組み合わせが変化するかを示す数字です。電灯でいえば回数が大きくなったほうが明るくなります。

日本国内で規格が真っ二つに分かれているのはこれくらいのものですが、なぜこんなことになってしまったのかというと、発電機のせいです。

わが国で発電が始まったのは明治二九年（一八九六）ですが、このとき**東京電燈《でんとう》（日本初の電力会社）が導入した発電機がドイツ製の五〇Hz**でした。続いて、翌年、大阪電燈がアメリカのゼネラル・エレクトリック社から取り入れたものが六〇Hzの発電機。この時点で将来を見越して統一しておけばよかったのですが、その当時は互いに不都合は感じなかったのか、そのまま放置されたわけです。

その後何度か統一しようとする動きもあったものの、「まあいいか」ということで今日まできてしまったのです。もちろん、不都合がなければいいのですが、Hzの違う電気製品を知らずに使うと加熱して壊れたり、火事になったりする危険もあるので、やはり面倒です。

ファックスは、なぜ電話回線で送れるの？

今ではメールが普及しましたが、ファックスを使う機会もまだまだ多いはず。でも、電話って音を送るものなのに、どういう仕組みで絵や図を送れるんだろうと思ったことはありませんか。

その仕組みは意外と簡単。そもそも電話は音を直接送っているのではなく、電気信号に変えて送っています。同じように、**ファックスでも絵を電気信号に変えて送っているので、電話回線が使える**のです。

ファックスで送信すると、原稿が一枚ずつ徐々にファックスの中に入っていきます。このときファックスは、原稿の黒いところや白いところを電気信号に変えているのです。原稿を水平な線で区切り、一本の線は一ミリ当たり八個の点に分解します。この点が黒か白かを電気信号に変え、電話回線と電話局の交換機を通じて相手に送っているのです。

受信側では、電気信号を絵に変えるという送信側と逆の操作をして、記録紙に絵を再現します。このとき、元の絵と位置がずれないように再現しているのです。

電波って、本当に波のような形をしているの？

テレビやラジオ、携帯電話と、いろいろな情報が電波に乗って飛びかっていますが、電波っていったいどんな波なのでしょうか。

形は、池に小石を投げ入れたときの波紋に似ているといわれますが、どうやって広がるのでしょう。波のように、空気が振動するのでしょうか。

たとえば、電流が変化したとします。すると、その周りにある磁場（磁力が働く場所）が変化します。磁場が変化すると、その周りに電場が生まれます。電場が生まれると、またその周りに磁場が生まれてというように、**電場と磁場が組み合わさって広がっていくのが電波**です。

つまり、電波というのは電磁波なのです。光も、赤外線、紫外線、エックス線、ガンマ線も、すべて電磁波です。これらは、ただ波長が違うだけで、電波になったり光になったりするわけです。

だから、電波は光と同じ速さで進みますし、真空中も伝わるのです。

AM、FMって、つまりは何がどう違う?

ラジオにはAMやFMがありますが、これっていったい何のことでしょう。

放送に使っているAM波とFM波は周波数が違いますが、周波数の違いを区別しているのではありません。

放送局から出る電波はただの電波ではなく、音や映像を乗せた電波です。いわば、電波がものを運ぶような働きをしているのです。この**電波が音や映像を運ぶ方式の違いが、AMとFMとを分けている**わけです。

音波も電波も同じ波ですが、大きさが全然違います。たとえてみれば、音波は大波、電波はさざ波のようなもので、さざ波で大波の形を運ばなければならないということになります。そこでAMでは、波の山の高さを音波の振動に合わせて、それに変えて送っています。とてもわかりやすい方式ですが、雑音の影響を受けやすいという欠点があります。

FMでは、波の粗さを変えて大きな波の形に表わします。音波の山の部分は、電波の波の密度を高くして、谷の部分は波の密度を低くして表わしています。

AM、FMのほかに、今では衛星放送で使われているPCMというのがあります。これは、音波を細かく分けて〇から二五五のコードに分類し、このコードを〇か一の二進法で表わして電波に乗せているのです。いわゆるデジタル化です。FMよりもさらに雑音の影響を受けにくいので、音質がきれいです。CDにも、音をデジタル化するこの方式が使われています。

炭酸飲料の炭酸はどうやってつくるの？

コーラやサイダーなど炭酸飲料の気泡の正体は炭酸ガス、つまり二酸化炭素です。

しかし、二酸化炭素をどうやって液体に注入しているのか、考えてみれば不思議なものです。あの〝シュワシュワ〟は、どのようにして加えられるのでしょうか。

二酸化炭素は無味無臭の気体で、空気一万リットル中に四リットルほど含まれています。人や動物が息を吐くとき、物が燃えるとき、日が沈んでからの植物の呼吸などで発生するのは理科で習った通り。でも、**ガスは圧力をかけると液体になる**という性質は、教わったかもしれないが忘れていた、という人が多いのでは？

炭酸飲料の製造では、この性質に目をつけて、まず炭酸ガスを冷却してから強い圧力を与えて押し縮めるようにします。すると液体に変わるので、これを味のついた水分に溶かし込みます。すかさず栓をして圧力を閉じ込めて、でき上がりです。

栓を抜くと気泡が現われるのは、圧力が急激に弱くなるため。強い圧力で溶かされていた炭酸ガスが、気体に戻って飲料から抜け出していくのです。

一〇メートルのストローでジュースを飲むことはできる？

ストローでジュースを飲むとき、「吸い上げている」と思いがちですが、正確にいえば、決して人間の吸う力で吸い上げているわけではありません。

人間が吸うのは、ストローの中に入っている空気だけ。あとは、ストローの中が真空状態になることで、ジュースが「上がっていく」のです。

コップの中では、ジュースの表面が常に空気に押されています。ジュースのみならず地球上のすべてのものは、空気の重さ、つまり気圧を受けているのです。この空気は気圧一ヘクトパスカルで一グラムのものを一センチ動かすことができます。

ストローの中にも空気があれば、コップの中でジュースが空気に押されても、両方の気圧が均衡を保って、ジュースが動くことはありません。けれども、ストロー内の空気がなくなると、この均衡が破られ、コップ内のジュースがストローの中を上がってきます。

ところが、地表近くの気圧は一気圧一〇一三ヘクトパスカルなので、ジュースを動かせる長さは一〇・一三メートルまでに限られます。

つまり、**一〇・一三メートル以下のストローでなら飲めるわけですが、それ以上の長さでは飲めない、**ということになります。もっともこれは机上の理屈で、八メートルや九メートルのストローで試したとしても、息が続かずにギブアップしてしまいそうですが。

にわか雨の予報は、なぜあまり当たらないの？

「晴れ時々くもり、ところによりにわか雨」

こんなあいまいな天気予報に歯がゆい思いをさせられることがしばしばあります。でもこればっかりは、はっきりしろと責めるわけにはいかないようです。

そもそも**「にわか雨」自体、いつ急に降り出すかも予測できず、地域もごく大ざっぱにしか特定できない雨**で、確かに「ところによりにわか雨」としか表現のしようがありません。まさに、予報士泣かせの雨ということです。

それでも、「降るだろう」と予測できるのは、にわか雨が主に積乱雲《せきらんうん》（雷雲）から降るという特徴を持つためです。また、積乱雲は寒冷前線によって温かい空気が上昇したときに生まれやすいため、寒冷前線の動きをつかむことによっても、にわか雨の予測はできます。

でも、通常だと直径わずか一〇キロぐらいの積乱雲がどこに出現してひと雨降らせるか、その場所を特定するのが難しいことに変わりはありません。ひどいときには、野球場の外野とホームベース側でどしゃ降りを分けることすらあるのですから。

富士山の山頂が雲に隠されると雨が降る!?

富士山に限らず、「山に笠がかかると雨が降る」といった言い伝えは各地にあります。

雲や風、空気の湿り具合などを感じ取って天気を予測することを「観天望気《かんてんぼうき》」といいますが、山と雲の関係を読み取ったこの言い伝えは、民間に伝わる観天望気の中では、群を抜いた的中率を誇っています。

頭にかぶる編み笠のような形をした雲（笠雲）は、湿った空気が山に吹きつけて山肌沿いに上昇するときに生まれます。

笠雲ができるときには、低気圧や前線が接近しているので、雨が降る確率はかなり高いのです。河口湖測候所の調査では、笠雲が現われてから一二時間以内に天気の崩れる確率は、冬が七〇%、夏は七五%、春や秋なら七八%もの高さだといいます。

また、山の近くの上空にぽってりとした雲が浮かぶこともあります。これは、山頂を越した気流が波のように上昇と下降を繰り返した際、上昇した部分にできたもので、つるし雲と呼ばれます。

つるし雲が現われてから六時間ほどあとに悪天候になる確率は、五〇%。**笠雲とつるし雲が同時に出ると、八〇~八五%の確率で悪天候になります。**

こうなると天気図上の予報も顔負け。事実、気象台や測候所では、山に雲がかかる様子を局地予報におおいに役立てているそうです。

〝くもらない鏡〟は、なぜくもらないの?

浴室用に売られている〝くもらない鏡〟。

何分間シャワーを出し放しにしようが、浴槽から湯気が立ちのぼろうが透明度を保っている、不思議にして便利な鏡です。

普通の鏡やガラスがくもるのは、〝結露《けつろ》〟という現象のせい。温かい空気が急速に冷やされたり冷たいものに触れたりすると、空気中の水蒸気が凝結してごく小さい水の粒になります。この水の粒が〝露〟です。つまり、浴室の空気は温かくて水蒸気も多いのに、鏡の温度は上がらないため、鏡の表面に露ができ、くもるというわけです。

ならば、**鏡の温度も浴室の空気に合わせて上昇させればくもらない**はず。というわけで、くもらない鏡は内部に特殊カーボンを使い、ここに弱電気を通して温めています。

普通の鏡のくもりを防ぐには、換気ファンなどで湿気を追い出せばOK。くもり止め用の洗剤も効果がありますが、もっとも手軽な方法は体を洗ったついでに、石けんのついたタオルでふいてやること。鏡の表面の細かいデコボコに石けんの界面活性剤が膜をつくり、くもりにくくなります。

マジックミラーってどういう仕組みなの？

警察署の取調室などには、マジックミラーが使われています。

これは、取調室から見るとただの鏡なのに、隣の部屋からは取調室の中がよく見えるというもの。片面が鏡で片面が透明ガラス、というガラスでも使っているのかと思ったら、そうではありません。部屋の明るさの違いを利用したものなのです。

近頃では、すだれをかける家も珍しくなりましたが、すだれをかけると昼と夜で家の中の見え方が違います。昼間は部屋の中より外が明るいので、外から部屋の中は見えませんが、中からは外の様子がよく見えます。夜になると、明かりがついた部屋の中のほうが外より明るくなります。そうすると今度は、部屋の中が外からはっきり見えるようになります。

実は、マジックミラーもこれと同じ原理なのです。

光は明るいほうからも暗いほうからも出ているのですが、**明るいほうから出る光のほうが多いため、明るいほうの様子が一方的に見える**のです。

取調室の光も隣の部屋の光も、一部は鏡を通り、一部は反射しています。しかし、取調室のほうを明るくしておくと、反射する光も鏡を素通りする光も、取調室のもののほうが多くなります。そうすると、取調室では鏡に見えますが、薄暗い隣の部屋では透明ガラスに見えるわけです。だから、部屋の明るさを逆にすると、取調室から隣の部屋の様子が見られるようになります。

冷蔵庫がものを冷やす仕組みを知っている？

電気はエネルギーですから、熱を出したり光を出したりするのは当然と思えるのですが、冷蔵庫のように電気で冷やすというのは意外な気がします。どうやって電気でものを冷たくするのでしょうか。

冷蔵庫は、電気がじかに冷やしているわけではありません。液体の蒸発を利用しているのです。液体が蒸発して気体になるときには、周囲から大きな熱が奪われます。アルコール消毒のときにひんやりするのもそのためで、これは、アルコールが蒸発するときに皮膚の熱を奪うからです。

冷蔵庫の中や周りには、冷媒《れいばい》と呼ばれる揮発性（常温でも液体が気化すること）の液体が入ったパイプがはり巡らされ、この中で**冷媒が蒸発することによって冷蔵庫の中の空気はどんどん熱を奪われ、冷やされていきます。**

クーラーが空気を冷やす仕組みも冷蔵庫と同じで、冷媒が蒸発して、室内の空気から熱を奪うのです。

冷蔵庫を開けておくと室内の温度が上がる!?

暑い日など、冷蔵庫のドアを開けると中から冷気がサーッと出てきて、とても涼しく感じます。こんなに涼しいと、狭い部屋ならクーラーとして使えそうに思えます。

冷蔵庫の仕組みは先ほども紹介したように、冷媒を蒸発させることにより気化熱を奪い、庫内の温度を下げてやる、というものです。

逆に庫外の放熱器では、気体になって戻ってきた冷媒から熱を取り去り、液体に戻しています。この**放熱器で取り去られた熱は部屋に放出されているので、冷蔵庫のドアが開いていると庫内に入り込み、取り去った熱が戻ってしまいます。**

これでは元《もと》の木阿彌《もくあみ》。冷蔵庫は、ドアできっちり内部と外部を遮断しているからこそ効果を発揮してくれるのです。

実際、四畳半ほどの部屋で冷蔵庫のドアを開け放しにしたところ、最初の一〇分間は一度ほど下がったものの、以後は上がり続け、四〇分後にはドアを開け放つ前より二度も上昇したという結果が出ています。

花火の色はどうやってつけるの？

夏の風物詩《ふうぶつし》の一つである花火は、数種類の物質で着色することで色に違いを出しています。実は、**私たちがよく耳にするナトリウム、銅なども、花火の色の素となっているのです。**

花火は、硝酸《しょうさん》カリウム、塩素酸カリウム、木炭、硫黄《いおう》などを原料にした火薬と、色づけの物質、打ち上げの場合はさらに、火の粉や音、煙を出す物質も組み合わせてつくられます。

着色する物質は、主に四種類。燃えると赤くなるストロンチウム、黄色くなるナトリウム、青くなる銅、緑になるバリウムです。

これを、上空で描く図柄に応じて配分します。

また打ち上げ花火では、煙の色にまでこだわっています。亜鉛や硫黄の白、ケイカン石の黄色、ナフタリンの黒などを駆使します。

現在、花火づくりの世界も後継者難だと聞きます。夜空を彩《いろど》る風物が、いつまでも引き継がれるといいのですが。

メスの魚だけをつくる「驚きの養殖技術」

ニワトリはタマゴを産ませるのが目的で飼っているのだから、メスばかり飼われて当然なのですが、将来は養殖の魚もメスばかりになってしまうかもしれません。

魚も、メスのほうが利用価値が大きいのだそうです。成長が早かったり大型になったりするし、カレイのように子持ちのほうが珍重されるものもあります。

メスばかり集めて飼うのだったら、ニワトリと同じですが、魚の場合、バイオの技術で、すべてをメスにしてしまうという方法が取られます。これには、ホルモンを用いる方法と、タマゴだけからメスの魚をつくる二つの方法があります。

ホルモンを用いるのなら、ただオスにメスのホルモンを与えてメスにするだけだと思うでしょう。しかし、そんな生やさしいものじゃないのです。

まず、メスの稚魚にオスのホルモンを与えます。こうすると、メスがオスに変わってしまいますが、性染色体はメスのまま。このオスとメスを交配させても、遺伝的にはメス同士のかけ合わせですから、生まれてくる子どもは全部メスになります。

タマゴだけから魚をつくる方法は、まずガンマ線や紫外線で精子の染色体をすべて殺してからタマゴに受精させ、染色体を二倍に増やすのです。タマゴの染色体を二倍にしただけですから、生まれてくる子どもは全部メスになります。

現代はもはや、**魚を〝つる〟時代ではなく〝つくる〟時代なのかもしれません。**養殖でこんなすごいことが行なわれているのです。でも、何でこんなにまでして大きくした魚を食べなけりゃならないのかという気もします。そのうち、オスの魚は天然ものでしか食べられなくなってしまうかも……。

高圧電線に、なぜトリが止まっても平気なの？

感電とは、外から電圧が加わって体の中に電流が流れ込むことです。ですから、感電死の原因は電流です。

一ミリアンペアの電流だと、わずかにピリッと感じる程度ですが、一〇ミリアンペアになると、かなりのけいれんを起こします。五〇ミリアンペアになると、心臓の筋肉がけいれんして死ぬ恐れが出てきます。わずかな電流の違いでも、体の反応はずいぶん違うのです。

また、電圧が高いほうが、大きな電流が流れます。感電死の直接原因は電流ですが、やはり高電圧の電流は危険です。

よくトリが高圧電線に止まっていますが、**トリが感電しないのは、電線の抵抗が非**

常に小さく、二本の足のあいだの電圧がごくわずかだからです。トリの体に流れ込む電流は非常に小さいので、トリは感電せずに止まっていられるのです。

飛行機雲はどうしてできるの？

青空にほうき星のようなひと筋を残したり、ときには文字を書いたり、飛行機雲のいたずらはなかなか楽しめるもの。

でも、なぜそんな雲ができるのでしょう。普通の雲と、何が違うのでしょうか。

飛行機雲の正体は、普通の雲と同じように水蒸気が凝結したものです。水蒸気は冷たい空気中で、凝結の核となるものがあると細かい氷の粒になる性質があります。この氷晶の集まりが雲です。

飛行機雲の場合は、排気に含まれるチリが凝結核となり、上空の冷たくて湿った空気中の水蒸気を氷晶にします。また、排気中に水蒸気が多く含まれているときにも雲ができます。**珍しい現象**

では、すでにあった雲を飛行機の排気の熱が消してしまうこともあるそうです。

普通、固体は液体に沈むのに、なぜ氷は水に浮く?

氷は水に浮きます。当たり前のことのようですが、これは、自然界では非常に奇妙な現象なのです。

物質は、固体の状態より液体の状態のほうが、体積が大きいのが普通です。これは、固体が液体に変わると分子の結びつきが切れて振動運動を始め、このとき体積が増えるからです。

固体の体積のほうが小さいということは、密度は液体よりも固体のほうが大きいということ。もし水がほかの物質と同じ性質なら、氷は水の中に沈むはずです。どうして水だけが、こんな例外的な性質を持っているのでしょう。

水の分子は、H_2Oの化学式からもわかるように、酸素を真ん中にして水素を二つつけたような形をしています。氷の中では、水の分子は水素結合という特殊な結合をして、ほぼ全部の分子が一つのかたまりのようになりますが、水素結合の並び方は場所を取るのです。しかし、氷が解けて水になるとすき間にも分子が詰まるため、体積が小さくなります。

水の分子が水素結合という特殊な結合をしているために、固体のほうが液体より体積が大きくなります。つまり、**固体になっても低密度なのです。**だから、氷が水に浮くという現象が起きるわけです。

水は「マイナス四〇度でも凍らない」ことがある！

「水は〇度で凍る」と、小学生のときに教わりました。しかし、まったく不純物の混じらない水を、そっと振動を与えないようにして温度を下げていくと、マイナス一五度くらいまでは液体の状態を保ちます。

確かに、氷は〇度で溶けて水になりますが、その逆に、**水は〇度になっても必ず凍るとは限らない**というのが正しいのです。〇度以下の水を過冷却水といいますが、この過冷却水は、ちょっとでも揺らしたり、ごく細かいチリのようなものが入ったりすると、たちまち凍ってしまいます。

水を小さな粒子にすると、もっと温度が低くても液体のままでいます。直径が一ミクロンくらいの小さな粒だったら、マイナス四〇度くらいまで液体のままでいることができます。空に浮かんでいる雲は、マイナス二〇度くらいまでは液体のままでいるものが多いのだそうです。水は〇度で凍るものと、かたく信じていたのに。

氷とアイスクリーム、冷たいのはどっち?

子どもを対象にした理科の実験教室などでは、「アイスクリームをつくってみる」という実験があるようです。牛乳に糖蜜（砂糖を液状にしたもの）を混ぜ、バニラエッセンスを加えた液を試験管に入れて、バー代わりの割り箸を突っ込みます。洗面器の中に氷を入れて塩をふりかけ、試験管を上手に並べて、液が凍ればでき上がり。

これは氷に塩をかけると温度が低くなるという触媒の実験。塩で氷の温度を下げてやっとアイスクリームができることからもわかるように、アイスクリームのほうが氷より温度はかなり低いのです。実際、こうしてでき上がった試験管アイスクリームは少し柔らかめで、もっと低い温度にしなくてはかっちりとはなりません。

市販のアイスクリームの温度はだいたい摂氏マイナス一二度くらいで、氷よりかなり冷たいのです。だから、急いでかき込むと歯がギューとしみることがありますし、もちろんお腹だってびっくりしてしまいます。いくらおいしいからといって、食べすぎると必ずお腹をこわしてしまいますから、ご用心。

泡がたくさん立つ洗剤のほうが強力なの？

洗たくするとき、泡がたくさん立つ洗剤のほうが、洗浄力が強いような気がします。ところが、泡によって汚れを落とすわけではないので、泡立ちと洗浄力とは関係ないのだそうです。

洗剤が泡立つのは、汚れを落とす役目を果たす界面活性剤の多くが、泡立つ性質を

持っているためです。しかし汚れは、界面活性剤が繊維に浸透して汚れの部分を包み込み、繊維から引っ張り出すという作用で落ちるので、**泡が立つから汚れが落ちるのではありません。**

ヨーロッパでは、水が硬水で石けんの泡が立ちにくかったのと、ドラム型の洗たく機が以前から普及しているせいか、ほとんど泡が立たない洗剤が多く使われています。それでも、ちゃんと汚れは落ちます。

このように、泡立ちで洗剤の洗浄力は判断できません。ただ、大量の汚れを溶かし込むと泡立ちは悪くなり、洗浄力も落ちるので、洗剤が不足しているのを判断する目安にはなりそうです。

ピアノはミスチューニングがあるほうがいい音になる!?

ピアノは内部にある弦をハンマーで打って音を出す楽器ですが、大部分は二本か三本の弦を同時に打って音を出しています。

イタリアのハープシコードという楽器の製作者クリストフォリによってピアノが初めてつくられたのは、一七〇九年のこと。その当時から、音量を大きくするために複弦や三つ弦で音を出すようになっていました。

ところが、複弦や三つ弦の周波数をぴったり合わせるのは、世界的に最高水準の腕をもつ調律師でも難しく、ごくわずかですがミスチューニングが出てしまうそうです。でも、機械でぴったり三本の周波数を合わせた音と聞き比べる調査を行なったところ、ミスチューニングのある音のほうが好まれるという結果が出たそうです。

思いがけない音の差が思いがけない音の効果を生み出すようですが、どう周波数をずらせばどうなるということはまだわかっていません。しかし、余韻の響き具合に関係していることは確かです。

ピアノの音は、初めに打ったときの強い音と、その後、弦が振動する弱い余韻からできていますが、余韻を響かせるときに、**微妙にずれた周波数で振動する弦同士が互いに作用して、思いがけない効果を生む**と考えられます。

音量を大きくしようとして複弦にしたのが、音質の点でもよい結果をもたらしていたのです。

磁石を切っていくと、NとSは最後にどうなる?

棒磁石を二つに切ると、切り口に新たにN極とS極ができて、二つの磁石になります。それをさらに二つに切ると、やはり切り口にN極とS極ができて……というように繰り返していくと、どうなるでしょうか。

実は、**切っても切っても、どんなに薄く切っても、金太郎アメのように磁石ができます。**これは、何か不思議な感じがします。また、縦に細く切っていくとどうなるのか、という疑問もわいてきます。

磁石は、小さな磁石がたくさん集まってできていて、小さな磁石は同じ方向に向かって並んでいます。そうすると、どこを切っても両端がN極とS極の磁石ができるというわけです。縦に細く切っても同じことです。

この小さい磁石は、分子よりも小さい電子や原子のレベルのものです。だから、磁石を可能な限りいくら小さく切っても、N極とS極を持ち続けるのです。

物理の知識を使えば、もっと早く泳げる？

水泳の上達を図るなら、体を使うだけでは駄目。頭も使い、合理的に泳ぎましょう。水流の反作用（反動）で前進するのが水泳ですから、**できるだけ大きくて勢いのある流れをつくったほうが速く進めます。**これを念頭に置いて水のかき方をマスターすると、水泳が格段に上達します。

最初、水が静止している状態では、ゆっくりとかき始めること。あせると水が手の甲にまわり込んでしまいます。

水が後ろへ動いたという手ごたえを感じたら、次は手を体から離すような気持ちで、ほんの少しだけ斜め後方へ。

最後は力を込めて手首のスナップをきかせ、素早く大きくかき出す。

以上の三ステップが、クロールのひとかきです。この方法だと、第一段階で水を後ろへ押しやり、第二段階で幅の広い水流をつくり、第三段階で流れに勢いをつけることができます。

物理の知識は、プールの中でも意外に役に立つのです。

4章

「集中して考えごとをする」と、なぜ腹が減る？

【体と健康】雑学

脂肪細胞の数は四、五歳で決まる!?

美容外科では、お腹やももにたまった脂肪を、掃除機のようなもので吸い取る手術があるそうです。

人間の脂肪は、トリ肉のように皮膚の下にドロッとした脂肪がかたまっているのではありません。脂肪細胞という細胞にため込まれています。その生きた細胞を吸い取ってしまうのですから、恐ろしい話です。

ところで、この脂肪細胞がつくられるのは、何と四、五歳までなのです。普通、だいたい二〇〇億個くらいですが、**四、五歳のときに肥満児だったりすると、脂肪細胞が人より多くつくられてしまいます。**そうすると、人より脂肪をため込む貯蔵庫が大きいわけですから、大人になっても肥満になる可能性が高くなります。

大人になってからの肥満は、この脂肪細胞に脂肪をため込むことによって起こります。ですから、たとえ脂肪細胞の数が少なくても、ためる脂肪の量が多くなればやはり、肥満になってしまうのです。

蚊取り線香は人間には効かないの？

網戸で害虫をシャットアウトしてしまった冷暖房完備の家では、蚊取り線香や蚊《か》帳《や》は過去の遺物でしょうが、それでも夏になると蚊取り線香の匂いはなつかしいもの。そこはかとなく郷愁《きょうしゅう》を誘ってくれます。

だからでしょうか、夏に田舎《いなか》へ里帰りをすると、さっそく縁側に線香をつけて、匂いをかいでしまいます。

そこで気になるのが、蚊を撃墜するためのこの煙、人体に害はないのでしょうか。

蚊取り線香の煙には除虫菊《じょちゅうぎく》から抽出されたピレストロイドという殺虫成分が含まれているのですが、これは人体にはほとんど害はないとされているようです。蓄積されることもありません。実際、**これまで日本人は、夏になると蚊取り線香をたいてきたわけですが、中毒になったという例は皆無《かいむ》**だそうです。

ただ、昔の日本家屋は、夏ともなれば素通し同然ですから、換気はきわめて良好でした。しかし、マンションのような密閉された空間では、タバコの煙でも息苦しくなるくらいなので考えもの。また、小さな子どもがいる場合は、やはり避けてあげたほうがいいのではないでしょうか。

「下痢にも便秘にも効く薬」って矛盾しているのでは？

子どもの素朴な質問に、専門の先生方が答えるラジオ番組を聞いていたら、こんな質問がありました。

「どうして下痢の薬が便秘にも効くんですか」

正面きってそう聞かれれば、確かに不思議です。

どうして効くかは、下痢と便秘がどんな症状かを知っていなくてはなりません。

理科の時間に習うことですが、腸は蠕動《ぜんどう》運動というものをしながら栄養分を吸収しています。ところが、調子が狂ってくると、この運動が速くなりすぎたり、遅くなりすぎたりします。**運動が速くなりすぎると水分がうまく吸収されなくなり下痢に、遅くなりすぎると吸収されすぎて便秘になる**わけです。ですから、これを元の正常な状態に戻してやれば症状が緩和され、快方に向かいます。

元に戻すには、症状に合わせた下痢薬、便秘薬もよく効きますが、乳酸菌など腸内正常化作用のある整腸剤を飲むのも効果的です。下痢にも便秘にも効くのは、この整腸剤だったわけです。

血液型で「ハゲかた」に差が出る！

「ハゲの悩みはハゲた者にしかわからない」と言った人がいましたが、ハゲた人にもあまり知られていないのが、血液型とハゲかたとの関係。

医学的な根拠は解明されていないものの、血液型によってハゲかたにもある傾向が見られるのです。

日本人に一番多いA型の人は、ひとことで言えば中途半端なハゲかた。耳の近くや、えりあし近くの毛はあまり抜けません。全体的にうぶ毛が残ることもあります。

完璧なハゲ、いわゆる「ツルッパゲ」になるのは、O型の人に多いとか。ハゲ始めたら最後の一本まですっかり抜けてしまう恐れがあるので、O型の人はご覚悟を。

少しだけ毛が残るのは、B型の人。てっぺんに数本生え残るようです。

一番ハゲる確率の低いのがAB型。ツルツルになることが、ほかの血液型に比べて少ないそうです。

とはいえ、以上は一つの傾向にすぎません。ハゲというのは血液型によって起こるのではなく、男性ホルモンの過剰や肉の食べすぎが一因になることはご存じの通り。AB型だからといって、ハゲないとは限らないし、O型だからといって、気に病む必要もない。そもそもハゲたところで、これをチャームポイントにしてしまえば、何の問題もありません。

ハゲ、ハゲ、と連発してすみませんでした。

朝型人間、夜型人間は体の仕組みが違う？

「早起きは三文《さんもん》の得」といいますが、午前中は頭の回転が鈍《にぶ》く、午後から夕方にかけてでないとなかなか仕事に気分がのらない、という夜型の人もいます。こういう人は夜更かしをしがちで、朝早く起きるのは大の苦手。逆に、午前中のほうが調子いい朝型の人は、比較的早く寝て朝早く起きています。

同じ人でも、学生時代は夜型だったのに、会社に入ったら朝型になったということもあり、生活環境によってどちらにも対応しているようです。

では、体のどういう仕組みが変化して朝型や夜型になるのでしょう。

これには、体温が関係しています。体温は、昼間活動しているときは上がり続け、眠りにつく数時間前に最高になります。体温が下降に向かうと眠くなり、睡眠中はなおも下がり続けます。そして目覚める数時間前に最低になり、また上昇に向かいます。

朝型の人と夜型の人では、体温が最高になる時刻がずれています。夜型の人は、朝型の人より数時間遅れてピークを迎えるため、生活のリズムがその分だけ遅れることになります。

しかし、このリズムは確定したものではなく、努力次第でどうにでもずらせるものです。ですから、「僕は夜型だから午前中は仕事がのらなくて」なんていうのは、本当は言い訳にもなりません。

憂うつなときこそ「暗い音楽」を聴くとよい！

気持ちが落ち込んでいるときに聴く音楽は、どうしても明るい曲を選びがち。憂うつな心に元気を注入できそうな気がするのですが……。

実は、そんな方法では「元気になる効果」は期待できません。

心理学的には、**気分と反対のものより、同質のものを聴くほうが精神の安定がはかれる**とされるのです。これは「同質効果」と呼ばれ、心の病気の音楽療法にも利用されています。

高ぶっている神経を鎮《しず》めたいなら攻撃的で激しい音楽、気分が沈んでいるときには暗めで静かな音楽、セカセカして落ち着かないときにはスピード感のある音楽を聴けば、そのときの心理状態から抜け出せるというわけです。

ただし、これはあくまでも音だけに関していえること。歌詞がストレートに耳に飛び込んでくると頭が休まりませんから、歌が入っていないインストゥルメンタルの曲や、言葉の意味がわからない外国語の歌がよいようです。

嫌なことがあったとき、落ち込んだときは、ぜひお試しください。

「暗いところで本を読むと目が悪くなる」はウソ!?

「そんな暗いところでマンガを読んでいると、目が悪くなりますよ」

「本ばかり読んでいると、近眼になるよ。外で遊びなさい……」

「テレビばかり見ていると、目が悪くなりますよ」

これらはどれもウソです。というより、言った本人はウソをつこうとは思っていないわけですから〝誤解〟です。

確かにここに書いたようなことをすれば、目の周りの筋肉が緊張を強いられて痛くなったり、目が疲れたり、近眼のようになったりするかもしれませんが、それは一時的なもの。

近眼は目が構造的に悪いのであって、暗いところで本を読むせいでなるものではありません。人間の目はそんな単純なものではないのです。暗いところで読書したあとは、思い切り明るいところに行くこともあるわけですから、目の周りの筋肉が一つの状態に固定されたままになることはないのです。

逆も真なりで、どんなに明るいところで本を読んでも、近眼が治ることはないし、遠視になることもありません。

短距離ランナーが長距離に転向して活躍することは可能？

短距離ランナーと長距離ランナーは、能力も体つきもまるで違っています。同じ走る競技なのに、どうしてこうも違うのでしょうか。

理由は、筋肉にあります。運動能力を決定する筋肉には、速筋と遅筋の二種類があります。速筋は収縮速度の速い、瞬発力を発揮するもの、遅筋は収縮速度が遅いけれども持久力に優れた性質を持ちます。この二つの筋肉の割合が、短距離向きか長距離向きかの能力を決め、体格をつくります。スピード競技の能力に関係するのは速筋で、これが多い人はそれだけ速く走れ、遅筋が多い人は長距離が得意というわけです。

ところで、問題はこの二つの筋肉の割合です。これは生まれつき決まっていて、どんなにトレーニングしようと、変えることはできません。いい換えれば、短距離向きか長距離向きかの能力の違いは天分であるということです。

特に、瞬発力が要求される短距離ランナーにとっては、速筋がどれだけあるかは重要な問題です。少なければ、どんなに頑張ってトレーニングしても、限界点に来れば記録がストップしてしまうからです。これまでに、名選手といわれた長距離ランナーが短距離に転向した例がほとんど見られないのはこのためです。

もう一つ、速筋と遅筋には大きな違いがあります。それは、速筋の繊維質は老化が早く、すぐに衰《おとろ》えてしまうのに対して、遅筋のほうは長持ちするということです。

いくら練習し経験を積んでも、一度老化した速筋は動いてくれません。極限に挑戦する短距離ランナーにとっては、ちょっとした筋肉の衰えも致命的で、それが始まると急速に下降線をたどっていきます。だから、三〇歳で一〇〇メートル走の世界新記録を出したカール・ルイスは別格として、短距離走者はみんな若いわけです。

しかし面白いことに、この**衰え始めた速筋は、トレーニング次第では遅筋に変えることが可能**なのです。これは、瞬発力を必要とする年齢を超えると、体のほうが今度は持続力を補強するように方向転換するためなのでしょう。短距離の選手だった人が努力して長距離に転向し、息の長い活躍をすることは可能なのです。

一流のスポーツ選手ほど免疫力が弱い!?

運動は健康の維持に欠かせないものですが、度を過ぎるとかえって逆効果になることがあります。

人間の体は、上皮組織、結合支持組織、神経組織、筋肉組織によってできています。一般の人の場合、この四つが一：四：四：一の割合で構成されていますが、運動をすると、このうちの筋肉組織の割合が増えます。そして、その増えた分だけ、結合支持組織が減っていきます。

結合支持組織とは、脂肪、筋膜や腱《けん》膜の結合組織、骨の支持組織などのことで、普通の運動なら、このうちの脂肪組織が減るだけですみます。

ところが**運動が激しすぎると、脂肪組織だけでなく、免疫機能を担うリンパ球も減ってしまう**のです。その結果、病気に対する抵抗力が弱まってしまうのです。中でも過度な運動は、ウイルスに対する免疫力を低下させるようです。

たとえば、鉄人レースともいわれるトライアスロンの選手のリンパ球の数を競技後調べたところ、大半の選手が平常時の約八〇％に減少していたという結果が出ています。それも、特にウイルスを攻撃する役割のあるＮＫ（ナチュラルキラー）細胞と呼ばれるリンパ球が、半分近くにまで減っていたというのです。

また別の統計では、一流の運動選手ほど伝染病にかかった場合の死亡率が高い、というデータもあります。

朝と夜では身長が二センチも違っている！

人間の身長は、一日のうちに伸び縮みしていることをご存じですか。朝起きたときが最も背が高く、夜寝るときに比べ、小学生で約一・三センチ、大学生では約一・八センチの違いが生じることがわかっています。

なぜこんなことが起こるのでしょう。

原因は昼間の姿勢にあります。つまり、背骨には首、胸、腰などが接続されていますが、昼間立ったり座ったりしているときはそれらの**重量が背骨に直接かかるために、その重さで縮まってしまうわけです。**といっても、背骨そのものが縮むわけではありません。

背骨（脊椎《せきつい》）は、人間の場合は三二～三四個ですが、たくさんの椎体《ついたい》（円筒状の骨）が重なって構成されています。これらの椎体の間には椎間軟骨《ついかんなんこつ》という弾力性のある軟骨が挟まっていて、これがクッションの役割をして背骨が柔軟に動けるようになっています。と同時に、背骨にかかる荷重を吸収する役割も持っているのです。

これが、長時間の荷重のために次第に弾力性を失ってしぼみ、そのために昼は身長が縮んでしまいます。

しかし、それも寝ているあいだ、横になっているうちに回復し、翌朝は元通りの身長になっているということです。

「髪の毛が一番伸びる時間帯」はいつ？

人間の髪の毛は八万～一〇万本もあります。

髪の寿命は性別で異なり、男性で三～五年、女性なら六～七年。寿命が尽きると抜けていきますが、その数、一日に約五〇本。ブラシにからみついた毛やシャンプーのときに抜けた毛を見て、あまりの多さにゾッとすることもありますが、五〇本抜けて当たり前と知れば少し安心です。

よく伸びる時間帯は、午前一〇時から一一時頃にかけて。午後四時から六時頃までのあいだがそれに次ぎます。眠っているあいだにほとんど伸びないのは、髪の毛の細胞も休んでいるためです。

では、一日にどのくらい伸びるのかといえば、年齢や食生活によっても違いますが、平均して〇・二ミリから〇・三ミリ。一か月間では六ミリから九ミリ長くなる計算になります。

月に一度髪を切る人も多くいると思いますが、意外に伸びないものです。

くやし涙とうれし涙では味が違う！

涙の成分を分析すると、塩素とナトリウムが多く、あとはたんぱく質、糖質、カルシウム、カリウムといったところ。もちろん、水分が主体であることはいうまでもありません。

私たちは、泣かなくても、チリやホコリから眼球を守るために一日〇・六ccの涙を分泌しています。泣くときには、交感神経か副交感神経が刺激を受けて、涙を出せとの命令が下されます。

ところでこの二つの神経、文字通り感情に大きくかかわるものなのですが、それぞれ働きを分担しています。平静時と怒っているときは交感神経が、うれしいときと悲しいときには副交感神経が働いているのです。

違いはもう一つ。交感神経が働いたときの涙はカリウムイオンと水分が少なく、副交感神経が働いたときにはこれらが多くなります。つまり、交感神経による怒りの涙、くやし涙は水分が少ないから味が濃く、塩辛さも濃い。かたや副交感神経による悲し

み の涙やうれし涙は、薄味というわけです。さらに、悲し涙とうれし涙でも、副交感神経の働き加減で味にも差が出ます。

涙はいつもしょっぱいと思っていたのに、濃口と薄口があったというわけです。

集中して考えごとをすると、なぜ腹が減る？

「灰色の脳細胞は使うためにあるんですよ」とは、アガサ・クリスティーの小説に登場する名探偵エルキュール・ポアロの口癖です。

人間の脳の重さは一・三〜一・五キログラム、体重が六〇キロの人で二％程度のものです。神経細胞の数で見ると、一四〇億個とは膨大な感じがしますが、全身の細胞は、何と六〇兆個にも及ぶのです。ほかの動物に比べれば、圧倒的に大きく重い人間の脳も、人体の中ではちっぽけといってもいい存在です。

ところが、このちっぽけなものが、多くのエネルギーを消費するのです。その量は、**消費エネルギーで見ると体全体の一八%、酸素の消費量だと四〇%にもなります。**

勉強したり、ちょっと考えごとをしたりすると妙にお腹がすきますが、これも脳がこんなにすごいエネルギー食いであると知れば、うなずけます。

点滴を受けていると、なぜ空腹を感じないの?

お腹が減るとグーグーと鳴ります。これは胃の中が空っぽになり、中の空気が胃壁を震わせているから。でも、お腹が減ったと感じるのは、胃の中が空っぽになったからではありません。その証拠に、激しいスポーツをしているときや、勉強や仕事に熱中しているとき、あるいは入院して点滴を受けているときなどは、何も食べなくてもそれほど空腹を感じないものです。

空腹を感じるのは、血液の中に栄養物質が溶け込んでいるかどうかを脳がキャッチして判断した結果です。**血液中に栄養物質があれば脳は消化器官の活動を抑え、不足**

してくれば活動を促すので、胃腸が激しく動きグーグーと音が出るわけです。そのとき、ほかのことに熱中していれば、空腹よりもそちらに脳が働くので空腹は感じませんし、また点滴を受けていれば血液中に栄養物質があるので、やはり空腹は感じないわけです。

すごく冷たいものをさわると、なぜ〝痛い〟の？

「手が切れるような冷たさ」とはよくいったもので、確かに強烈に冷えたものをさわると、冷たさではなく痛さを感じます。本当は冷たいはずなのに、どうして私たちの神経は痛さだけしか感じないのでしょうか。

私たちが触覚として温度や痛みを感じるのは、皮膚にある冷点、痛点という感覚器によるもの。冷点は冷たさ、温点は温かさ、痛点は痛さを専門に感じ取る器官です。

大切なのはこの三種の感覚器の数で、これは同数ではなく、一平方センチ当たりでいえば、**冷点は一〇、温点は三、痛点は一五とそれぞれ異なっていて、圧倒的に痛点**

が多くなっています。この差は、感覚器が刺激を感じ取る強さの差、と考えてください。冷点と痛点が同時に働いた場合には、痛いという感覚のほうが優先的に伝わる仕組みになっています。

普通の冷たさなら、冷点だけが作動し、私たちは冷たいとしか感じないわけです。ところが刺激の強さがある線を超えると痛点が作動し始め、〝冷たい〟ではなく〝痛い〟と私たちに感じさせるのです。

わざわざこんな手の込んだ仕組みになっているのは、冷たさも温かさも度が過ぎると体にとって非常に危険なので、痛みを知ることによって身を守るためなのです。

体重四五キロ以下の人は二〇歳を超えても「小児扱い」？

体重四五キロ、年齢二〇歳の女性が薬を飲もうとしていますが、「成人」のほうではなく「小児」の分量を口にしようとしています。「それでは効果がないよ」と言うと、「私はこちらのほうが正しい分量なの」と、いかにも確信ありげに答えたそうです。

これはズバリ彼女の言う通りで、内服薬の「用法・用量」には「成人（一五歳以上）」と記されていますが、一五歳以上でも、成人の用量では多すぎる場合があるのです。というのも、**薬の適量はその人の体表面積で決まるので、本来、年齢とは関係がない**からです。

それを、なぜ年齢で表記してあるかというと、自分の体の表面積を知っている人が少ない上、測るのも難しくて実用的ではないという理由からです。つまり、成長すれば体表面積も増えるはずで、その目安に年齢を用いたほうが合理的というわけ。一五歳になれば体格も内臓器ももう成人並みに発達しているはず、ここで区分けしても支障はないということで、諸外国もほとんど同じ考え方をしています。

この「一五歳以上」という区分には、実は、「体重五〇キロ以上」という条件もついています。彼女の場合は四五キロで、この条件に合わないために小児でいいのだということです。

体重の条件が表記されず、省略されているのは、市販薬はもともと薬品そのものの量を非常に少なくしてあることと、たとえ五〇キロ以下であってもほとんどが五〇キロに近い体重の人のはずなので、安全とされ、わざわざ表記する意味がないという考えからです。

夏になると疲れやすくなるのは、なぜ？

疲れは、発汗《はっかん》作用と深い関係があります。つまり、汗を大量にかく夏は、体が疲れやすいのです。

気温が上昇すると体温も上がろうとしますが、これを抑えているのが発汗です。汗をかくことによって体の余分な熱を放出し、一定の体温を保っているのです。

夏場にたっぷり汗をかくのも、体温の調節のため。特に運動をしない日でも、汗の量は一日二～三リットルにも及びます。

問題は、汗を蒸発させるときにエネルギーを消費することです。**二～三リットルの発汗に必要なエネルギーは一〇〇〇キロカロリー以上といわれますが、これはクロールで一時間泳いだときの消費量とほぼ同じ。**暑くて食欲が衰えているときにこれだけのエネルギーを使うのだから、疲れを感じるのも当然です。

加えて、暑ければどうしても水分を多くとりがちになります。過剰な水分が汗となって排出されるときにもカロリーが消費され、水分のとりすぎが胃液を薄めて消化不良を招くことも。これまた体力の消耗、疲労の一因となります。

しかし、だからといって水分を控えすぎるのも考えもの。体温調節をスムーズにし、熱中症などを防ぐためにも水分の補給は欠かせません。ほどほどに、が一番です。

年を取ると、本当に「面《つら》の皮が厚くなる」!?

図々しい人のことを「面の皮が厚い」といいますが、よく考えてみると、この言葉はなかなか奥が深い。

顔色は、血液の流れ方次第で変わるものです。血管などの組織を覆っている皮が厚ければ、赤くも青くもならず、なるほど〝いけしゃあしゃあ〟としているように見えるわけです。

でも、いったい何ミリぐらいあれば、面の皮が厚いといえるのでしょうか。

人間の皮膚の厚さというのは、体の場合、表皮が〇・一〜〇・三ミリ、その下の真皮《しんぴ》が〇・三〜二ミリ、合わせて〇・四〜二・三ミリが平均的なところ。

もちろん体の部位によって差があり、一番厚い足の裏と、一番薄いまぶたの皮では、一人の人間でもかなり違ってきます。また、ヒザやヒジなどの関節を覆うところでは、ほかの部分とは逆に、表皮が厚く真皮が薄くなっています。

そこで、気になる顔面の皮ですが、解剖すると体に比べてかなり薄いということがわかります。**年齢とともに厚くなる傾向もあって、生後九か月で〇・〇四ミリ、一五歳で〇・〇七ミリ、三五歳で〇・一ミリ。**

年を取ると面の皮が厚くなるというのは、やはり本当のことでした。

塩が不足すると、なぜ人間は生きていけないの？

体の六〇%以上が水分であるというのはよく知られていますが、水分といっても真水ではなくしょっぱい水です。**体にとっては、体液のしょっぱさ（濃度）がある一定の水準に保たれていることが、健康を保つ上で非常に大切なこと**です。

体内の塩分は汗や尿などに混ざって少しずつ排出されるため、その分を必ず摂取しなくてはなりません。体液の塩分濃度が薄くなると、体の機能が狂ってきてしまいます。

現代では、簡単に塩を手に入れることができるので問題はありませんが、昔は、内陸部では塩が手に入りにくかったので、わざわざ「塩の道」という輸送ルートをつくり、常に塩が手に入るよう工夫を絶やさなかったのです。

塩分不足に気をつけなければいけないのは、草食動物も同じ。植物には塩分が含まれないため、草食動物は常に塩分を補給する必要があるのです。

これに対して、肉食動物は塩分を補給する必要がありません。なぜなら、エサとなる動物の内臓、生肉には塩分をたっぷり含んだ体液があるからです。

これは人間の場合でもそうで、生肉を常食しているイヌイットなどは、わざわざ食塩をとらなくても大丈夫なのです。

塩分を適度にとる人のほうが低血圧だった!?

高血圧や脳卒中《のうそっちゅう》の敵ということで、すっかり嫌われてしまった塩分。「塩はとらなければとらないほどいい」と信じ、徹底的に食卓から除外した人もいるようです。この〝嫌塩〟の動きに警鐘《けいしょう》を鳴らしたのが、東京医科歯科大学・難治疾患《なんちしっかん》研究所の研究報告です。

四〇代の男女二三〇〇人を調べたところ、今までの常識とは逆に、**塩分を多くとっている人のほうが、かえって血圧が低い**ことがわかったというのです。

また、高塩分なのに低い血圧のグループに入る人たちの食生活について、さらに詳しく調査した結果、塩分を多くとっている人ほど食事のバランスがよく、牛乳を多く飲み、アルコールは控えめで適度な運動をしていたといいます。

つまり、塩分のとりすぎはいけないが、極端に嫌うのは逆に食生活のアンバランスを招いてしまう。塩分を気にしすぎて味気ない食事をするのではなく、いろいろな食品をバランスよく食べ、食生活を楽しむゆとりを持つことが大切なのです。

「血液が固まって骨になる」って知っていた？

骨折した経験のある人しかわからないあのつらさ。痛みもさることながら、骨折部分を何週間も固定しておかなければならないので、体のほかの部分にも負担がかかります。

さて、この骨折の治癒《ちゆ》のメカニズムはどうなっているのでしょう。固定しているあいだに、ただ単に骨が増殖して折れたところがくっつくのだろうと思ったら、そうではありませんでした。血液が固まって骨に変わるのです。

骨が折れると、骨の中の血管が破れて血のかたまりができます。これが内出血を止め、さらに折れた骨のすき間を埋めるようにたまっていきます。

二週間くらい経つと、**血のかたまりは、毛細血管が詰まった状態の、盛んに細胞増殖を起こす肉芽《にくが》という組織になります。**

傷口が治るときに、傷口が赤く盛り上がってくることがありますが、あれと同じようなものです。そして、この肉芽から丈夫な骨がつくられていくのです。

それにしても、液体の血液が骨になるなんて、知らなかった人も多かったのではありませんか。

酔っているときにケガをすると「血が止まらない」？

〝親知らず〟を抜いたあとに酒を飲むと、一晩中血が止まらなくなって困ってしまうそうです。また、酔っぱらってケガをすると、なかなか血が止まりません。

どうしてなのでしょうか。

普通、血管が破れて血が流れ出すと、破れた部分に赤血球や白血球が引っかかり始めます。そこに血小板《けっしょうばん》がたくさんの繊維状のものを出し、納豆のように血球をからめて固めてしまいます。それで血管の破れ目がふさがれ、血が止まるのです。

アルコールは、この血小板の機能を低下させます。そのために、血球が固まりにくくなるのです。さらに、血圧が上がったり心臓の鼓動が速くなったりで、血球が血管から強く押されて大量に出てきて、なかなか血が止まりません。

余談になりますが、タバコはこの逆に、血を固まらせやすくします。こちらのほうもなかなか厄介です。ケガもしていないのに血小板を凝集しやすくし、血管の中に血栓をつくってしまうからです。

それなら、酒を飲んでタバコを吸えば相殺《そうさい》されてちょうどいいや、と思ったら大間違い。打ち消し合うどころか、血管の中には血栓ができて詰まりやすくなるし、ケガをすれば出血多量ということになります。世の中、そう甘くはないのでした。

一人でしんみり飲む酒は「ストレスを増加させる」！

同じ酒好きでも、その飲み方によって、体に与える影響はずい分違ってきます。

いい例が肝硬変《かんこうへん》です。これは、酒飲みがかかりやすい怖い病気の一つですが、どちらかというと「一人酒場でむっつりと」というような、暗い酒の人に多いのです。

一人で暗く飲む酒がいけないのは、ストレスを増すだけだからです。

たとえ心の憂さを晴らすため、精神的ストレス解消のために飲むのであっても、**肉体的には、酒を飲むことそのものがかなりのストレス**なのです。

胃は休めないし、肝臓も疲れます。心臓にも負担がかかります。

そこにさらにストレスを持ち込んだらどうなるか。胃が胃液を過剰に分泌し、潰瘍《かいよう》になる恐れもあります。

悩みごとを引きずって飲む酒、飲みたくもない相手と飲む酒、ヤケ酒など、いやいや飲む酒は禁物。飲むなら、楽しく、明るく飲むことです。

酒をチャンポンで飲むのは、なぜ体に悪い？

さんざん飲みまくった翌朝、何となく照れ隠しのためか「あんなにチャンポン（違う種類の酒を交互に飲むこと）で飲んだからなあ」などと言い合うのですが、本当にチャンポンで酒を飲むと体に悪いのでしょうか。自然に酒量が増えてしまうだけだと思うのですが。

ところが、チャンポンで飲むと実際に体に悪いのです。

酒は、種類によってアルコールの濃度が違います。**濃度が違えば、肝臓はいちいちそれに適応して分泌する酵素の濃度を変えていかなければなりません。**これが、かなりの負担になるのです。

また、酒には糖分、アミノ酸、コハク酸など、一〇〇種もの有機物質が含まれていますが、これも酒の種類によって変わるので、数種類の酒をチャンポンで飲めば何百種にもなります。肝臓は、これらに対しても一つひとつ対処し、毒を消したり有用なものに変えたりと、フル回転で働かなくてはいけません。脳や神経機能は、すでにほろ酔い加減になっているというのに、えらい騒ぎです。

このような理由で、同じ量のアルコールを飲んだとしても、肝臓にかかる負担はチャンポンにしたほうが大きくなり、悪酔いしたり二日酔いになったりするのです。

乳歯は、なぜ小学校低学年までに抜けてしまうの?

人間の歯は、小学校低学年頃までに、それまでの乳歯がすべて抜け落ちて永久歯に生え変わります。どこも悪くないのにポロリと抜け落ちますが、なぜこんなことが起きるのでしょうか。

ひと言でいえば、**乳歯がこれ以上いくら頑張っても、その人のあご骨の成長に追いつけなくなるから**です。乳歯が生え始めるのは生後六か月目くらいからで、三歳くらいで生え揃います。といっても、乳歯は永久歯のように上下一六本ずつの三二本ではなく、一〇本ずつ、全部で二〇本しかありません。乳幼児のあの小さなあごにはそれでちょうどよくて、これ以上の本数だと歯をもっと小さくするしかなくなります。それでは歯の機能を損なうし、歯自体の耐久性にも影響します。

そして遅くとも一三歳頃には、あごの骨は子ども時代とは比較にならないほど大きく育っています。

こうなると、今までエナメル質細胞を補充し続けて自ら成長し、必死であごの成長を追いかけてきた乳歯も、ついに「もうこれまで」と断念するしかなくなります。歯と歯の間にもすき間ができ、二〇本のままではよほど巨大な歯でなければ間に合いません。増やすなら思い切ってリニューアルしたほうが合理的だというわけです。

　このとき、もうあご骨は成長しないのだから必要ないというので、エナメル質細胞は消失してしまいます。永久歯が一度抜けると生え変わらないのは、そのためです。

いびきをかくのは、なぜ疲れたとき・酔ったときに多いの？

　ふだんいびきをかかない人でも、疲れたときには大きないびきをかくこともしばしば。

　この原因は、のどチンコ（口蓋垂《こうがいすい》）にあります。疲れのためにその緊張が緩み、上気道が狭められるために起こるのです。

　上気道というのは、鼻から食道につながる空気の通り道のことで、ここを空気が通るときの抵抗音や摩擦音がいびきの正体。ふだんよくいびきをかく人は、生まれつき上気道が狭いか、のどチンコが長すぎるか、または鼻の病気などで鼻水や分泌物が常にたまっているのが原因と見ていいでしょう。

また、酒を飲みすぎるといびきをかくのは、鼻腔《びこう》内の毛細血管がアルコールのために充血し、上気道が狭められるからです。

いびきの予防策は、上気道が狭くならないように工夫することに尽きます。枕をあまり高くしないことや、なるべく横向きに寝るなどして、息をするのに楽な姿勢で床に入ることがコツです。

数分の仮眠でも、なぜ注意力が五倍に上がる?

睡眠不足でどうも調子が悪い。そんなとき、たとえ数分でも仮眠を取るとすっきりした気分になります。

でも、たった数分の仮眠に本当に効果があるのでしょうか。NASA(アメリカ航空宇宙局)が、航空パイロットを対象に、こんな実験をしています。

実験が行なわれたのは、ホノルル—大阪、ホノルル—東京の西回りの二便と、大阪—ホノルル、東京—ホノルルの東回りの二便の夜間飛行です。

あるグループには仮眠（あるいは休憩）時間を四〇分、それに二〇分間の回復時間を設定して、機長、副操縦士、航空機関士に交替で取らせたところ、**仮眠を取ったグループは眼球反応が一六％も速く、着陸時の注意力が五倍も高くなっていた**のです。

暇な時間を見つけたらすかさず仮眠——これは、現代を生きていく生活術です。

私たちの指は、なぜ五本なの？

人間の指の数は手足とも五本ですが、ウシは二本、ウマは一本で、同じ哺乳類でも指の数はさまざまです。人間が哺乳類の中で指の数がもっとも多いのは、もっとも進化した動物だからなのでしょうか。残念ながらそうではなく、これはむしろ、**進化し残してきた部分の一つというべきもの**なのです。

たとえばウマ。馬《ば》蹄《てい》の形を見ればわかるように、ウマの指は一本しかありません。

しかし、ウマの先祖とされる動物には、四本指、三本指、二本指のものがいて、進化する過程でウマの指がだんだん減ってきていることがわかっているのです。

草原に棲み、草を食べて生きるのに、指でものをつかむ必要はありません。敵に襲われたときに逃げられるよう速く走れればいいのです。柔らかい草原を走るには、指が一本のほうが都合がいいので、不要な指が退化したのだといわれています。

さらに遡れば、シーラカンスが進化し、脊椎動物としてはじめて陸に進出したという原始両生類イクチオステガが、五本指だったのです。

足は横向きにちょこんとついた程度。そんな体では、がっしりと幅広く陸地をつかまえなければ、とうてい陸には這い上がれなかったはず。そのため、五本指の足が必要だったのだろうと考えられています。

人間の脳から「麻薬物質」が出ていた!?

たいていの人は、自分は麻薬なんかに縁はないと思っているでしょうが、実はそんなことはないのです。誰でも、体の中でつくっているものなのですから。

強い痛みやストレスを受けると、脳や脳下垂体《のうかすいたい》からエンケファリンやエンドルフィンといった、麻薬と同じ作用を持つ物質が出てきます。そういえば歯が痛いときなど、初めは我慢できなくても、だんだん痛みが和《やわ》らぐようなボーッとした感じがしてくることがあります。そんなときには、これらの麻薬物質が脳から出ているのです。

分娩《ぶんべん》中には、血液中のエンドルフィンの濃度は通常時の二倍、三倍と増していき、ついには六倍くらいになるそうです。また、死の苦しみも脳内麻薬物質によって和らげられているようです。臨死体験で、気持ちのいい夢を見ているようだったと語る人がいますが、それは脳内麻薬物質のせいではないかと考えられているのです。

脳内麻薬物質は、痛みのときばかりでなく強いストレスや激しい運動時にも分泌されます。マラソンをしているとき、初めは苦しくても、一定の距離を過ぎたあたりからいい気持ちになってくるというランナーズ・ハイ現象。あれも、脳内が麻薬物質で満たされるせいだといわれています。

サツマイモを食べて出たオナラは臭くない！

誰が言い出したのか、「サツマイモを食べるとオナラが出る」とよくいわれます。だからなのか、ホクホクとおいしそうな石焼きイモを、食べたいのにじっと我慢している人も結構いるようです。

では、本当にサツマイモを食べるとオナラが出るのでしょうか。

残念ながら、本当です。原因は、サツマイモが豊富に食物繊維を含んでいることにあります。大腸にたくさんの食物繊維が送り込まれると腸内細菌の働きが活発になり、それが多量のガスを発生させるのです。

ところで、「サツマイモのオナラは特に臭い」といわれることがあるようですが、こちらは間違いです。

実験の結果、サツマイモを食べて発生するガスはほとんどすべてが水素で、硫化水素《りゅうかすい》《そ》、インドール、スカトールといった、あの嫌な匂いの素となる成分はまったく発生していないことがわかったのです。

水素はご存じのように無色無臭の気体。**サツマイモはオナラの回数は増やすけれど、匂いのほうは薄めてくれているの**です。

突然死にも前ぶれがある!?

突然死の原因で多いのは、急性心臓疾患《しっかん》、脳卒中、急性呼吸不全、急性肝不全などですが、「突然死」の名の通り、これらは何の前ぶれもなくやってくるのでしょうか。

そうではありません。**発症前に七割近くの人が、何らかの異常を訴えていた**というのです。

その異常とは、どういうものでしょうか。

東邦大学の吉井信夫氏が、遺族や発症から回復した人を対象に調査したところ、もっとも多い異常は、次の順であることがわかりました。

①頭痛、眼痛、顔面痛
②首の痛みや凝り、肩凝り

③めまい、耳鳴り
しかも、発病の一か月前からこれらの症状が出ていたこともわかっているのです。これらのことから吉井氏は、突然死を防ぐ一二か条を次のようにまとめています。
1. 定期検診は必ず受ける
2. 前兆に気づいたら、まず医師に相談する
3. 毎日の生活リズムを保つ（一定の睡眠時間と活動、三食を規則正しくとる）
4. 食事は、たんぱく質、脂肪、炭水化物をバランスよくとる
5. 塩分のとりすぎに注意する
6. 心も体もギリギリまで使わない
7. ストレスをため込まない
8. 疲れを感じたら横になり、わずかでも睡眠を取る
9. 運動不足にならない
10. できるだけ休養を取り、ゆったり過ごす
11. 肥満を解消する
12. タバコ、深酒をやめる

いうことです。
たとえば、最近頭痛がするなと感じたら、無理をせずにしっかり休むことが大切と

「子どもが産まれにくい土地」って、どこ？

日本には四〇〇〇メートルを超える高山がないためか、高山病はあまり身近な症状とはいえないのかもしれません。

高山病は酸素不足から起こるもので、主な症状は、頭痛、めまい、息切れなど。ひどくなると意識障害までもたらします。

また、長く高地に暮らせば、不妊症をもたらすのです。

こういう話があります。十六世紀の半ば頃、アメリカ大陸に渡ったスペイン人の一部が、高度四〇〇〇メートルのポトシという土地に入植したときのことです。

開拓民にとっては、人手を増やすという意味でも、子どもは大

切です。

ところが入植後、まるっきり子どもが産まれなくなってしまいました。

そして、やっと最初の子が誕生したのが、何と入植して五三年も経ってからだったというのです。

原因として考えられたのは、酸素の減少や気圧の低さが、生殖に関係するホルモンの分泌を減少させるなど生殖機能が低下すること、それに、女性の胎盤が高地で胎児を育てられるようにつくられていないために流産や死産になる、という点です。**四〇〇〇メートル以上の環境に定着するには、半世紀以上もの歳月が必要だったのです。**

なお日本人は、高度一五〇〇メートルくらいまでは、体にそう大きな変化は見られませんが、それ以上になると、一〇〇〇メートルごとに、体に取り込める酸素の最大量が平均一〇％ほど減少するといわれています。

「笑う門には福きたる」は科学的にも正しかった！

「笑う門には福きたる」を地で行ったような話があります。

アメリカでのこと。脊髄関節炎《せきずいかんせつえん》を患《わずら》い、「治らない」と診断されたノーマン・カズン氏にとって、医師が痛み止めに強い鎮静剤を多用することが、死の予行演習をさせられているような気がして、不満でたまりませんでした。

そこで、「どうせ治らないのなら、毎日をもっと楽しく生きよう」と思い、鎮静剤を拒否し、〝笑い療法〟を始めたのです。

といってもやり方は簡単、喜劇のビデオを毎日一〇分ほど見て大笑いするだけ。

これが効果てきめんだったのです。まず、笑いが麻酔効果を発揮してくれたのか、悩まされていた痛みが和らぎ、よく眠れるようになりました。そして数週間後には、病気そのものがかなりの回復を示したというのです。

笑いにそんなに大きな治療効果があるとは、ちょっと信じ難《がた》い感じもしますが、この作用を科学的に説明した人がいました。

フランスのルーヴィンスタイン博士は自著『笑いの心身医学』にこう記しています。

「笑いは、モルヒネに似た鎮静作用を持つエンドルフィンの分泌

を促進し、呼吸による酸素と二酸化炭素の交換を四倍にする。また、消化管を攪拌《かくはん》して便秘に効果があると同時に、肝機能不全を補う作用も果たしている」

病気をすると、ただでさえふさぎこみがちですが、明るく笑ってみることが、回復への近道かもしれません。

風邪を引いたときに、なぜリンパ腺が腫れるの？

風邪を引いてのどが痛くなると、あごの下のリンパ腺が腫れることがあります。これはどうしてなのでしょう。

リンパ腺は、医学的にはリンパ節というのだそうです。腺というのは、乳腺や唾液腺のように体液を分泌している器官のことをいうのですが、リンパ節は何も分泌していないので、腺とは呼ばないようです。

リンパ節は、リンパ管のところどころがふくらんで蜂の巣のようになったものです。ここでは白血球が多量につくられ、貯蔵されています。

体外から風邪の菌が侵入してきてのどにつくと、血管から白血球が出てきて菌を食い殺します。死んだ菌は膿《うみ》になり、たんとして体外に排出されますが、**生き残った菌はリンパ管に入ってリンパ節にまで進出し、そこで、待ち受けていた白血球と菌との熾烈《しれつ》な戦いが始まります。**それでリンパ節が腫れて、外からさわってもわかるほどのかたまりになるのです。

リンパ管に入ってくるのは病原菌だけでなく、腫瘍《しゅよう》細胞もあります。リンパ節で抑えきれなかった腫瘍細胞は、リンパ管を流れてほかの臓器に達し、繁殖します。これが、がんの転移といわれる現象です。

風邪でもなく、どこにも炎症を起こしていないのにリンパ節が腫れたときには、用心して病院に行ったほうがいいですね。

「軽い風邪なら、薬に頼らないほうがいい」理由

薬をあまり飲まない人がたまに風邪薬を飲んだりすると、よく効きます。逆に、同

じ薬を飲み続けていると、効かなくなってくることがあります。また、ふだんから風邪薬だの胃腸薬だの頭痛薬だの、何とかドリンクだのを飲み続けていると、いざというときに薬が効かなくなるといいます。どうしてでしょう。

薬は細菌にとっても異物ですが、体にとっても異物です。同じ薬を飲み続けると、肝臓でその薬を壊す酵素をつくり始めます。

一方、細菌のほうでも薬を壊すような酵素をつくり出してしまうのです。それで、同じ薬を飲んでいると、だんだん効かなくなってしまうというわけです。

では、薬を乱用している人の場合は、どうなるのでしょう。

薬は細胞内に入ると、いろいろな場所に働きかけて活発に作用します。しかし、それが度重なると、細胞のほうが嫌になってきて怠《なま》け出します。**非常時が続くと、かえってそれに慣れてしまって緊張感がなくなってしまうようなもの**です。

しまいに細胞は、薬が体内に入ってきても、うんともすんともいわなくなります。それで、どんな薬を飲んでも反応が鈍くなってしまうのです。

軽い風邪くらいなら、薬に頼らずに寝てしまうのが一番です。

唾液が多い人ほど口の中が清潔！

ニンニクを食べたあとは、自分でも匂うほど強い口臭が出ます。また、胃や内臓が悪い人には独特の口臭があります。このような口臭は、食べたものや内臓疾患などが原因で発生するものですが、口臭の八〇％は口の中で匂いの素がつくられることが原因といわれています。

ここでいう口臭とは、その口の中で発生するものを指しますが、唾液の分泌量の多い人にはそれが比較的少ないといいます。

口で発生する口臭の素は、メチルメルカプタンという物質です。これは硫黄《いおう》の化合物で、食物のカスや歯垢《しこう》などに細菌が作用してつくり出されます。したがって、口の中を不潔にしておくとそれだけ発生量が多くなり、口臭も強くなるわけですが、唾液はそれを抑える働きをしてくれているのです。

朝起きたときにもっとも口臭が強いのも、唾液が関係しているから。**睡眠中は唾液の分泌量が減少しているために、メチルメルカプタンの発生量が増加する**のです。

つまり口臭を防ぐには、まず口の中を常に清潔に保つことが第一ですが、それに加えて、唾液が円滑《えんかつ》に分泌されるようにすることが必要です。

それには、まず第一によく噛むことが大切でしょう。

また、緊張や心配、疲労が唾液の分泌を減少させることはよく知られています。よく口臭を必要以上に気にしている人がいますが、逆に、それが口臭をひどくしてしまうのです。くよくよ悩まないことが大切だということです。

5章

「夕日」は、なぜ昼間の太陽より大きく見えるの？

【地球の不思議】雑学

星はガスでできているのに、なぜ宇宙に広がらないの?

太陽のように自身で光を出している星の表面温度は、数千度以上あります。このくらいの温度だと、物質はみんな溶け出して気体になってしまいます。

でも、私たちが知っている気体というのは、どこへでも流れ出して広がるもの。身の回りで、自然にガスが丸く固まっているものは見たことがありません。それなのに、どうして星の気体は宇宙空間に広がってしまわないのでしょうか。

それは、星の質量(重さ)が非常に大きいからです。地球と比べてもけた外れの大きさで、一〇万倍から一〇〇〇万倍あります。**太陽の質量は地球の三三万倍です。非常に大量の気体が、ものすごい圧力で押し固められている**わけです。

ものは引力で引っ張られていますが、質量が大きいほど引力も大きくなります。その力でギュッと押し固められているので、ガスは宇宙空間へ広がっていかないのです。

地球と太陽の距離は「奇跡のバランス」を保っている！

地球上にある元素は、意外とほかの惑星にあるものも多いようです。海や大気をつくっている元素も、生命をつくっている元素も、どれも宇宙のどこにでもあるものばかり。アミノ酸や塩基《えんき》や糖は地球以外の天体でも合成されます。

それなのに、なぜ太陽系の中で地球だけが水の惑星となり、生命が存在しているのでしょう。

理由は、太陽からの位置。地球は太陽から適当な距離のところにあるため、海を持つことができたのです。もっと太陽に近ければ金星のように海の水は沸騰して全部水蒸気になってしまったでしょうし、遠ざかると火星のように氷になっていたでしょう。

また、大きさも適当でした。月のように小さすぎると引力が弱く、大気は宇宙に逃げていって、海を持つこともできません。火星ですら小さすぎます。

ちなみに、**金星にもかつて水が存在したのですが、太陽に近すぎたため蒸発・分解**し、重力の関係で金星の外に飛び出してなくなってしまいました。現在も四七〇度もある灼熱《しゃくねつ》地獄で、大気の成分も下層部はほとんど二酸化炭素、上層部には濃硫酸《のうりゅうさん》が漂っているといいます。

一方、火星にも水分はあり、昔は温暖で液体の水もあったようですが、太陽から遠いため、現在は零下六〇度の冷たい星で、水分はすべて凍ってしまっているのです。

偶然がうまく重なってできた奇跡の星、それが地球だったのです。

雷は「空から落ちるとは限らない」!?

雷は空から落ちてくるに決まっている……と思う人もいるかもしれませんが、そうとも限りません。ときには上下左右、縦横無尽《じゅうおうむじん》に雷が駆け巡ることもあるのです。

雷雲は積乱雲の中で生まれるため、確かに最初は空から落ちてきます。けれども雷には、雲から雲へ飛んだり、地を這ったり、地面から再び雲めがけて昇っていくという性質もあります。

たとえば、何もない広い地面に落雷した場合。直撃をまぬがれたからといって安心はできません。**地を這ってきた雷電が人を媒介にして雲に駆け上がることも起こり得ます。**

特に山での落雷には要注意。岩陰や木の下は避け、湿った地面からも逃げたほうが無難です。

雷は、なぜ音のするもの・しないものがあるの？

いなずまが通ると、その周りの空気は一瞬のうちに熱せられ、爆発といったほうがいいくらいに体積が増えます。

このとき、ドーンというすさまじい音がするのです。この爆発音は、一〇〇〇メートルにも及ぶいなずまの道筋全体で起こります。

この音が空中を伝わるときに、**屈折したり山や高い建物に複雑に反射したりするの**

で、遠くで聞く雷の場合はゴロゴロという音に聞こえるのです。

また、夏の夕方など、いなずまが見えていても音が聞こえない雷があります。

これは、高温の空気の層の上に低温の空気の層が乗っているため。音が低温層から高温層に入るときに低温層側に屈折するので、上のほうにいってしまって地上に届かないのです。

「雷の多い年は豊作」というのは本当？

昔から「雷の多い年は豊作になる」といわれるようですが、これは、あながち迷信ではありません。植物の生育には、雷が大きく関与しているからです。

植物の体も、動物と同じようにたんぱく質でつくられています。動物と違うところは、たんぱく質を自分でつくり出しているところ。植物がたんぱく質をつくり出すためには窒素が必要ですが、空気中の窒素をそのまま取り入れることはできません。ほかのものと結びついて植物が取り入れやすい化合物の形にならないと駄目なのです。

雷は雲の中にたまった電気の放電現象ですが、この放電のエネルギーで、空気中の酸素と窒素が結びついて一酸化炭素になります。このとき、酸素と水が多いと硝酸《しょうさん》がつくり出されます。硝酸は水に溶けて土にしみ込み、根から吸収されてたんぱく質の原料になります。

雷が多いと硝酸がたくさんできて、植物に栄養が十分補給されるというわけです。

飛行機は、夏より冬に飛ばしたほうが〝エコ〟？

同じ飛行機の航路でも、往路と復路では所要時間が違ったりします。日本の上空には西から東に向かって強い風が吹いているので、成田からサンフランシスコへは、行きは八時間で行けるのに帰りは約一〇時間になったりします。

たかが二時間くらいと思うでしょうが、これをジャンボジェット機の燃料に換算すると、何と二〇リットル入りの缶で一八〇本分にもなるそうです。フライト時間が一時間短縮されると、おおよそ八〇万円の燃料費が節約できるといいます。二時間では一六〇万円ですから、たいした金額です。

飛行機の経済性に関しては、気温も大きく影響します。気温が高くなるとエンジンの推進力が低下するので、上空の気温が高くなる夏は、燃料の経済性が冬よりもかなり落ちます。

手荷物と体重で乗客一人当たり九〇キロと考えると、**気温が一〇度上昇した場合、ジャンボジェット機で四三人分軽くしなければならない**といいます。夏のバカンスシーズンでも、冷夏か猛暑かで、ずい分燃費が違ってくるわけです。

エネルギー資源を大切に使うという意味から考えると、海外旅行は夏より冬に行ったほうがいいかもしれません。

温暖化対策に二酸化炭素を規制するだけでは不十分!?

温暖化対策として、排出量を規制する動きがある二酸化炭素ですが、温暖化の原因は二酸化炭素だけではありません。

大気の中で熱を吸収する性質が強いのは、水蒸気、二酸化炭素、対流圏オゾンなど。しかし、それ以外にも、メタン、亜酸化窒素、フロンなども強い温室効果を持っているのです。これらのガスは**温室効果ガスと呼ばれ、現在、数十種類ある**ことがわかっています。

そのうち、二酸化炭素は、滞留期間二年間で消滅しますが、メタンは五～一〇年、亜酸化窒素は一二〇年、フロンは五〇～一〇〇年もあると予想されていて、二酸化炭素だけ規制しても問題は解決しないといわれているのです。

ちなみに、地球の温度を上げている主役は水蒸気。現在の地球の平均気温が一五度くらいで安定しているのは、大気中に含まれる水蒸気の温室効果が、温度上昇に換算して三〇数度分もあるため。水蒸気が存在しなければ、今の地表環境は維持できないのです。

二酸化炭素の温室効果は、たかだか数度分にすぎません。もちろん、その数度が問題なのですが。

二酸化炭素は空気より重いのに、なぜ地表にたまらない？

中学校の理科の時間には、二酸化炭素は空気よりも重く、下のほうにたまると勉強しました。

空気を一とすると、二酸化炭素の比重は一・五三。確かに空気よりも重いのですが、もし本当に二酸化炭素が下のほうにたまるとしたら、地表に住んでいる私たちは、そのうち窒息してしまいます。二酸化炭素による温室効果が問題になっていますが、それどころの問題ではなくなります。

でも実際は、二酸化炭素濃度が地表で高くなるということはありません。気体は固体の粒と違って、絶えず運動しています。**二酸化炭素の分子も、一五度くらいの温度では、音速に近い速さでほかの分子とぶつかり合いながら運動しています。**そのため、火が燃えて二酸化炭素が多量に発生しても、すぐ空気中に拡散してしまうのです。

したがって、石炭や石油を燃やすことによる二酸化炭素の増加で生物が窒息死することはありません。しかし、火山噴火などの自然現象で急激に大量の二酸化炭素が流れ出ると、事故が起こります。

　一九七七年のインドネシアの火山噴火では大量の二酸化炭素が流出し、付近の住民を窒息死させました。また、一九八六年にはアフリカのカメルーンで、ニオス湖に溶けていた大量の二酸化炭素が突然気体になって広範囲の地域に流れ出し、一七〇〇人以上が死亡するという事件がありました。ニオス湖は標高一〇〇〇メートル以上の高地にあって空気が非常に希薄だったため、極めて短時間でふもとの村へ二酸化炭素が下っていったようです。

　このように急激に二酸化炭素が発生すると、短時間のうちに地表にたまるので、この場合は非常に危険です。

「酸素があると生きていけない生物」がいる!?

　人間にとっては、ひと時も欠かせない酸素。そのため、空気の少ない六〇〇〇メートル級の山に登るときは酸素ボンベをつけていきますし、水中で呼吸を止めていられるのもせいぜい数分のこと。

しかし、地球上の生物がすべて酸素を必要とするわけではありません。逆に、酸素があると生きていけない生物もいるのです。

その名もズバリ、嫌気《けんき》性《せい》細菌。

嫌気性細菌は、破傷風《はしょうふう》を引き起こす病原菌、汚物を分解してメタンを発生させるメタン細菌など、意外に人間生活の周りにも存在します。

なぜ、同じ地球に棲みながら酸素を嫌わなければいけないのか。
それは、**そもそも酸素というものが有毒元素だから**なのです。
空気中の酸素ガスは、物を燃やしたり、錆《さび》をつくったりといった活発な反応をする物質。特に酸素がほかの化合物と反応してできる過酸化水素水やスーパーオキシドシンは強烈な化学反応を起こすので、薄めて滅菌剤として使われているくらいです。
有機物によってつくられている生物にとって、大気の中の酸素は体をつくっている物質を酸化させ、その機能を失わせてしまう恐ろしい働きがあるのです。

「おいしい水は寿命を延ばす」は本当か？

人間は、水がなければ生きていけません。それもそのはず、体の六割か七割ほどが水分なのですから。どんな水を使うかによって、おいしい酒やおいしい豆腐ができるように、おいしい水は健康な体の源だということになります。

では、一日にどのくらいの水が必要なのでしょう。それは、体から出る水分を計算すればわかります。尿として一・五リットル、汗として〇・五リットル、そして呼吸によって〇・五リットル失われます。つまり合計二・五リットルの水を補給しなければならないというわけ。日本人の場合、飲み水として一リットル、食べものから一リットル、食べものの中の炭水化物などが胃腸の中で消化されたときにできる水が〇・五リットルとなっています。

人間、食べものがなくても数日から数週間は生き延びられますが、たった三日、水をきらしただけでも脱水症状を起こして死んでしまいます。体の水分の二〇％が失われると、もう生きていけません。

ところで、黒海とカスピ海に挟まれたコーカサス（カフカース）地方、南米のアンデス地方、中国のウイグル地方、山梨県上野原市の棡原《ゆずりはら》地区など、世界には長寿で有名な地方がいくつもあります。そこに住むお年寄りは、いつまでも若々しく元気だとか。長寿の秘訣はいろいろありますが、**山々に囲まれて、ミネラルの豊富な雪解け水を一年中飲めるのも、大きく影響している**ことでしょう。

おいしい空気と、おいしい水。この二つが、何物にもまさる健康食品なのです。

「太陽活動が盛んになる」と病人が増える!?

地球は大きな磁石のようなもので、一定の磁気を持っていますが、それが太陽によって乱されることがあります。太陽黒点は大きな磁力を持っているので、この近くで爆発が起こると地球の磁場が乱れ、特にひどく乱れることを、磁気嵐といいます。

地磁気（磁気と磁場の総称）の乱れは、人間の体にも影響を及ぼします。

まず、心拍数が乱れます。このため、**心臓麻痺《まひ》、心筋梗塞《こうそく》、高血圧など、心臓や血**

管に病気を持っている人は悪化する恐れがあるのです。心筋梗塞の場合、地磁気が乱れた日に患者が増加することが、データではっきり示されています。

ロシアの黒海沿岸のソチ市では、市営の太陽医学サービスで磁気嵐警報を発して、循環器系の病気の患者に注意を促しているそうです。

そのほかにも、地磁気の乱れで緑内障（眼球の病気）、腎臓病、胃潰瘍、てんかん（脳疾患）、リウマチなども悪化することが確認されています。

精神活動も、地磁気の乱れを含めた太陽活動に大きく影響を受けます。統合失調症の患者数も、太陽活動の周期によって増減するそうです。

夕日は、なぜ昼間の太陽より大きく見えるの？

夕日は、不思議なことに昼間に頭の上にあった太陽よりもずっと大きく見えます。

このことを、中国の孔子《こうし》も不思議に思って証明しようとしましたが、うまく説明できませんでした。これは、人間の目の錯覚によるものですから、証明するのは難しいでしょう。

私たちは空の形を、ちょっと深めの皿を伏せたような扁平なものだと感じています。太陽や月は、その扁平な空に投影した形で見えるので、真上にあるときよりも、地平線近くに傾いたときのほうが大きく見えるのです。

空の形が扁平だと錯覚するのは、人間の視野が上下よりも水平方向に広いためと、空には見るものがないのに、地平線方向には木や建物など見えるものがたくさんあるためです。

また、空はいつも同じ形に見えているのではなく、夜よりも昼間、晴れた日よりもくもった日に扁平に感じます。秋晴れの天気のよい日に空が高く感じられるのは、このためです。

黒い雲から強い雨、白い雲から弱い雨が降る理由

雨が降りそうなとき、空を見上げて雲の様子を見れば、経験的にどんな雨が降るか予想がつきます。

白っぽい灰色の層状の雲が空一面を覆っているときには、細かい雨がシトシト長く降り続きます。黒っぽい灰色でモクモクした積雲状の巨大な雲のときは、ザーッとすごい勢いで降って短時間で上がります。

どうして雲が違うと、雨の降り方が違うのでしょう。

空一面を水平に覆う層状の雲の中は、上昇気流があまり強くありません。そのため、水滴は徐々につくられ、少し大きくなると落下してしまいます。こういう雲のときは、雨の降り方が弱く、長い時間降り続きます。

一方、黒い積雲状の雲には、激しい上昇気流があります。そのため、大粒の水滴やあられが急速につくられますが、強い上昇気流に支えられているため、なかなか落ちずに雲の上のほうにたまっていきます。しかし、**水滴が多すぎたり上昇気流が少し弱まったりすると、水滴は一気に落下し始め、バケツをひっくり返したような雨になる**わけです。

実は、温室は植物にとって「厳しい環境」だった!

「温室育ち」というと、過保護に育てられたもやしっ子を思い起こさせますが、実際の温室は、意外にも植物にとって厳しい環境にあるようです。

その理由は、二酸化炭素不足。夜から朝にかけては、植物自らが二酸化炭素を出して、温室の中の二酸化炭素は五〇〇ｐｐｍを超えますが、光合成が始まると、あっという間に消費されて三〇〇ｐｐｍまで下がってしまうのです。

通常の空気に含まれる二酸化炭素は三五〇ｐｐｍで、これはそれよりも少ない数字。花も咲かなければ葉も枯れてしまうほどの数値です。風が弱いと、温室の窓を開けても、**光合成ができない一〇〇ｐｐｍまで下がってしまうこともあります。**

農家の人も、水や肥料の心配はしても、二酸化炭素が不足するなど思いもしなかったようです。オイルショック以来、省エネのために温室の密閉度を上げげたため、温室作物に障害が続出したことで、やっと問題が表面化してきたのです。

試行錯誤《しこうさくご》の末、二酸化炭素を二〜八倍補給して作物を育てたところ、収穫量がぐっと増え、果実も甘みが増すことがわかりました。

日本では、冬のピーマン、トマト、キュウリ、メロンなどを、ヨーロッパでは野菜のほか、カーネーションやバラなどの花を二酸化炭素で栽培し、収穫を上げています。

ちなみに、植物にとって望ましい二酸化炭素量は一五〇〇〜三〇〇〇ｐｐｍ。この数値を満たしていた石炭紀（古生代）の頃は、まさに理想的な環境だったといえます。

有害物質が含まれている「身近な野菜」って？

私たちが食べている野菜は、先人たちの試行錯誤の結果、選び抜かれ、改良され、栽培されてきた食用植物です。味や栄養、利用法にも優れ、少なくとも無害な作物といえます。

ところが、野菜の中にはわずかとはいえ、有害な物質を含むものがあります。

たとえば、ホウレンソウには、蓚酸《しゅうさん》が比較的多く含まれています。蓚酸は、体内に入るとカルシウムと結合して蓚酸カルシウムとなり、結石《けっせき》の原因になります。

また、野菜には、硝酸塩《しょうさんえん》と亜硝酸塩を含む種類が多く、硝酸塩は体内で亜硝酸塩になり、量が増えると中毒症状を起こします。ちょっとゾッとさせられる話です。

しかし、心配はいりません。**蓚酸も硝酸塩類もゆでると減少し、普通に食べる程度の量なら問題ない**のです。

このほかにも、ニンジンやキュウリには、ビタミンCを酸化して破壊する酵素のアスコルビナーゼが含まれています。ダイコンとニンジンをおろしたものを混ぜてモミジおろしにしたり、キュウリを細かく刻み、ほかの野菜に混ぜてサラダをつくったりすると、ダイコンなどに含まれるビタミンCが失われてしまいます。しかし、この場合は、お酢などで酸を加えれば酵素が働かなくなるので大丈夫です。

サボテンには、なぜトゲがあるの？

果てしなく広がる砂漠にニョキッと生えたサボテンは、西部劇にはなくてはならない存在です。砂漠とサボテンは切っても切れない関係のようですが、実はサボテンはアメリカ大陸にしか分布していないので、ほかの砂漠でいくら探し回っても見つけられません。

砂漠という厳しい環境で生きていくため、サボテンにはほかの植物には見られない特徴がたくさんあります。高さが一〇メートルにもなるオオハシラサボテンの幹に刻まれたひだは、強い日ざしを避けるのに役立っています。縦に走るひだのおかげで、日光が真上から差さない限り、体表面のかなりの部分が日陰になるからです。

また、多くのサボテンが球状をしているのも、常に体の半分を日陰にするための適応です。サボテンに葉がなく、表面がロウのような厚いクチクラ（膜）で覆われているのは、体の水分を蒸発させないためです。

さて、サボテンのトゲは葉が変形したものですが、いったい何のためにあるのでしょう。動物に食べられるのを防ぐという防御の役目もありますが、それだけではありません。

試しにトゲを全部取ってしまうと、体表面の温度が一〇度も上がるそうです。つまり、**トゲは強い日ざしを散乱させる冷却装置でもある**のです。

また、トゲには空気中から水分を得るという役割もあります。静電気に帯電した空気中の水分子が、鋭く尖《とが》ったトゲの先端に電気的に吸着されるというのです。このおかげで、サボテンは朝夕に霧が発生するところなら、雨がまったく降らなくても生きていくことができるといいます。

世界最長寿の木の樹齢は？

「この木なんの木、気になる……」というコマーシャルを見た人は、あの木の大きさに驚かされたことでしょう。これは、枝が横に数十メートルも広がるレインツリーという熱帯木です。

大きな木といえば世界中にいろいろな種類があり、有名なのがスギ科の常緑樹《じょうりょくじゅ》セコイア。アメリカのヨセミテ国立公園にあるセコイアは、胴をくり抜くと車が通れるほどだといいますから、いかに大きいかがわかると思います。高さは平均八〇～九〇メートル。一二〇メートル以上の木があったという記録も残っています。

セコイアは長寿でも有名で、中には樹齢三〇〇〇年とも四〇〇〇年ともいわれるものがあるそうです。現存する最長寿の木は、アメリカのネバダ州にあるマツの一種で、何と**推定樹齢四九〇〇年。**まさに〝生きる化石〟です。

木陰が涼しいのは「日ざしを遮《さえぎ》るから」だけではない！

真夏の都会は、アスファルトやコンクリートなどから跳ね返る熱や、冷房から出る熱風でむせ返っています。場所によっては、気温が四五度以上になることもあり、まさに〝コンクリートジャングル〟です。

そんなときは、街路樹《がいろじゅ》などの木陰に入ってホッとひと息。公園の森の中に入れば、清涼感さえ感じます。

これは、単に強い日ざしを遮ったからだけではありません。木の葉には無数の空気の出入り口（気孔《きこう》）があり、そこから水分が外に出されています。この水分が大気中に蒸発するときに大気中の熱を奪うため、樹木の周りの温度が下がるのです。

森林の中では、気温はむやみに上がらないし、夜になれば地表からの放熱を枝や葉が遮るため、温度はそれほど下がりません。つまり、森林は昼と夜の温度差が少ない住み心地のいい場所といえます。

“太陽が好きな木”と“日陰が好きな木”がある！

陽樹《ようじゅ》と陰樹《いんじゅ》、あまり聞き慣れない言葉かもしれませんが、その名の通り、太陽を好む木と日陰を好む木のことです。

森ができるときには、まず強い日光や風、土の乾燥、虫にも負けずに生長できる陽樹が育ちます。生命力の強い陽樹は、速く大きくなって、実をたくさんつけて増えていきます。土の質がよくなくても平気でどんどん広がっていくのです。日本の平地ではアカマツ、山地ではシラカバやカラマツなどがこれです。

陽樹の林には、やがて下に草や低い木が生え、落葉なども腐って混ざり、次第に土が肥えていきます。そして、陽樹がうっそうと茂って林の中が薄暗くなってくると陰樹が伸びてくるのです。ブナやトドマツ、シイなどです。

こうして**陽樹だった林は、何百年もの年月をかけて徐々に陰樹へと入れ替わり、安定した森が形成されます。**これから先は、森の木が吸収する栄養分と、落葉などの形で土に返す量がだいたい同じになるので、土の量や中の栄養分は一定となるのです。この状態になった森を極相《きょくそう》と言い、人間が手を加えたり、気候が大きく変わらない限り、木の種類も、木の数もあまり変わりません。

タンポポの綿毛は一〇キロも飛ばされていた！

動かないはずの植物ですが、種を遠くに飛ばして仲間を増やすことはできます。たとえば、タンポポ。この綿毛は、風速一〇メートルの風に乗って一〇キロも飛ばされるとか。わずか秒速〇・五メートルでも風があれば、いつまでも落ちずに空気中に漂うことができるので、たいていの種はかなり遠くまで飛ばされるのです。

草の種は小さいものが多いのですが、これも種が飛んでいきやすくするため。ちなみに、アカザという雑草は、一〇〇〇粒の重さが、わずか〇・四グラムだとか。

種の数が多いのも植物の特徴です。一株当たり、タンポポには四〇〇、アカザには三万、ヒメムカシヨモギには八二万もの種がついています。どこに飛んでいくかわからない運命を、数でカバーしようというわけでしょう。

そのほか、動物の体について運ばれるもの、糞に交じって運ばれるもの、水に流されて運ばれるものなど、移動の方法はさまざま。

でも、なぜそんなに遠くに行かなければならないのでしょうか。

それは、これこそ植物が生きながらえるための唯一の手段だからです。**植物が生きていくためには、早く生長して、ほかの植物との〝光の争奪戦〟に勝たなければなりません。**

しかし、一年目には一番早く生長できた一年草が、翌年には冬越しでジワジワ育ってきた二年草に負けてしまいます。その翌年には、二年草は多年草に負け、やがて多年草もじっくり育ってきた木に負けてしまいます。

つまり、草は冬枯れという宿命があるため、いつまでも同じ土地に生きられません。いろいろなところに仲間を運んでは、種の保存のチャンスを狙っているのです。

「植物の菌」がスキー場の雪づくりに使われる!?

秋も深まる頃、まだそれほど寒くはならないだろうと思って鉢植えの観葉植物を一晩外に出しておいたら、翌朝、葉が霜《しも》で真っ白になって駄目にしてしまった、なんてことはありませんか。

実はこの霜の害、水が凍るほど気温が低くならなくても起こります。だいたい水滴ほどの大きさの粒なら、マイナス五～六度でも凍らないはずなのに、葉の上ではマイナス二～三度で凍ってしまいます。

それがなぜなのか、大きな謎でしたが、一九八〇年代に入ってから、やっとこの原因がわかりました。

何と、**水が凍るのを促進する細菌が葉の上にいて、それほど低い温度でなくても氷をつくってしまう**からだったのです。イヌイットが氷の家をつくるのと同じように、この細菌は周りを氷で覆って寒さから身を守っているらしいのです。

この細菌は、意外なところに利用されているそうです。一九八八年、カナダのカルガリーで行なわれた冬季オリンピックでは、この細菌を造雪源として人工雪をつくったとか。日本でも八九年からスキー場に散布されているそうです。そのおかげで積雪量が三〇～五八％も増すそうですから、スキーヤーにとってはうれしい話です。

ワラ、ホウセンカ、スミレ……さて、食べられるのは？

お世辞にもおいしそうとは言えないシロモノばかりですけれども、実は三つとも食べられます。というより、正確に言えば、かつて食べていた時代がありました。

江戸時代、飢饉《ききん》が起きた頃のことです。時代劇でもおなじみの悪徳お代官様やら悪徳商人が、少ない農作物を買い占めたため、**食べものに困った人々は実にさまざまなものを食用にしました。**

ご飯の代わりには松の皮やソバがら、豆がら。ワラは細かく刻んでわずかな米粉と混ぜ、もちにして主食に。灰汁《あく》は抜いたそうですが、ボソボソしていて、まずかったに違いありません。

野菜の代用としてはアザミ、キキョウ、スミレ、ホウセンカなどなど。

これらにはカリウムが多く含まれています。このカリウムは、適量をとっていれば体の生理作用を活発にしてくれますが、体内にたまりすぎると抵抗力を弱めてしまいます。そのため、カリウムを排泄する作用のある塩を一緒にとる必要があるのですが、塩の流通もとどこおっていた時代のこと。多くの人が病に冒されたようです。

「湖・沼・池」は似ているようでここが違う！

湖、沼、池……これらの違いがわかりますか。素人《しろうと》判断ではなかなか区別がつけにくいものですが、地学的にはそれぞれ次のように定義されています。

まず湖と沼。これは両方とも、海と直接につながっていないことがまず第一の条件。そして、このうち、中央部がクロモやフサモなどの沈水植物《ちんすいしょくぶつ》（体全体が水中にある植物）が侵入できないくらい深いものを湖とし、その深さは一般に五メートル以上とされています。

沼は湖よりも浅いものをいい、その中で、中央部まで底に沈水植物が生えているものは沼沢《しょうたく》と呼びます。

池は、湖や沼に比べて面積が小さいものか、何らかの形で人工的な力が加えられているものをいいます。

もう一つ、潟《かた》があります。これは、海岸にあって海とその一部がつながっている浅い湖のことです。

これらはあくまでも学術的な分類で、実際の呼び名は必ずしもこれに従っているとは限りません。**湖や沼の呼び名は、昔から土地の人が呼んでいた固有名詞がそのまま受け継がれていることが多い**のです。

マイナス・イオンってどう体にいいの?

高原や海岸の空気はマイナス・イオンがたくさん含まれていて体にいいと聞きます

が、どうしてマイナス・イオンが体にいいのでしょう。それに、そもそも大気中のマイナス・イオンとは何なのでしょうか。

空気中には大小さまざまな浮遊物質が含まれ、その中で帯電しているものをイオンといいます。プラス・イオンとマイナス・イオンは、どの場所でも同数ずつあるわけではなく、高原や海岸ではマイナス・イオンが多いのだそうです。海岸では、海水の粒子がしぶきとなって飛散し、マイナス・イオンになります。

では、なぜマイナス・イオンが体にいいのかというと、**空気中のイオンは自律神経に作用する**のです。

自律神経には、交感神経と副交感神経の二種類がありますが、プラス・イオンは交感神経を刺激し、マイナス・イオンは副交感神経を刺激します。交感神経は心臓の動《どう》悸《き》を速めたり血管を収縮させて体を興奮した状態にさせたりしますが、副交感神経はそれとは逆に、心臓の活動を抑制したりして眠りにつくときのようなリラックスした状態にします。

つまりマイナス・イオンには、心身ともにゆったりした気分にするリラクゼーションの効果があるため、体にいいといわれるのです。

「地下水はおいしい」といわれるのは、なぜ？

酸性雨など、雨水の中には大気汚染物質が含まれている可能性もあるのですが、もともと雨水にはいろいろな不純物が混じっています。

一番多いのが海水のしぶきからくる塩化ナトリウム。砂塵《さじん》からくる珪酸《けいさん》アルミニウムも、ほぼ同量含まれています。それに空中を漂うバクテリアや臭気性ガス、生物の死骸から出てくるアンモニア。そして工場や自動車の排気ガスから出てくるススや、石油や石炭を燃やして出る硫黄や窒素酸化物など。

こうして並べてみると、水なんかとても飲む気はしません。でもそれが、**しっかりとした生態系を持つ健全な山野に降ると、土の濾過《ろか》作用によって、すっかりきれいになる**のです。それだけでなく、土の中のカルシウム、マグネシウム、ナトリウム、カリウムといったミネラルを適当に分けてもらって、高級なミネラルウォーターに変身。おいしい地下水になるのです。

これは、河川の水を水道水にするときと原理は同じ。でも、地下水の場合、しみ出てくるまでに実に何年も土の中を通過するため、地下水は山の恵みというわけです。

「水道水に塩素を入れない」ヨーロッパのこだわりとは？

飲み水について、アメリカでは、たっぷり塩素を入れて安心できる水をつくるという考え方が基本にあります。

しかし、ヨーロッパはまったく逆。塩素などの薬品で処理することは、それだけリスクが伴うので、できるだけ自然に近い形で飲み水を確保しようと考えています。

その方法の第一は、塩素消毒をしなくてすむ良質の原水を確保すること。

たとえば、オーストリアのウィーンでは、**目の前に豊かに流れるドナウ川を使わずに、何百キロも離れたアルプスの泉水を引いてきています。**それだけでなく、ミュンヘンやパリなどは、水源の周りを保護地区として、泉水の汚染の防止も図っているのです。

良質な水が確保できない場合は、長時間かけて砂の層で原水を浄化する緩速濾過《かんそくろか》方式が取られます。たとえ、急速濾過方式を取る場合でも、沈殿池での時間を十分に取ったり、オゾン処理を強化するなど、上水への塩素の注入量をできるだけ減らす努力がされています。

日本では、塩素で殺菌をするから飲めるのだ、という理屈ですが、ヨーロッパではその常識は通用しないのです。

地球史上、最初に大地に棲んだのは「小さい枝」！

今から四億数千万年前までは、大地は生物のいない荒涼《こうりょう》とした場所でした。そこに、水中に棲む植物がおそるおそる上陸を始めたのです。その名はクックソニア。**高さわずか一～二センチで茎も葉もなく、二股に分かれた裸の枝**でした。

それから三千万年後、本格的な陸上植物プシロフィトンが現われます。高さも数十センチと大きくて立派。下等なシダ植物の仲間で、茎だけで葉はなく、横に這う地下茎から細い茎が伸び、茎は二股に分かれながら広がっていました。上陸したとはいえ、そのときはまだ、水底に根を張って茎の上半分を水面から出した状態だったのです。

南極と北極では、なぜ氷山の形が違う？

同じ氷山でも、南極の氷山と北極の氷山では形が違います。南極の氷山は、プラットホーム型というか、上部が平らな台のような形をしていますが、北極の氷山は上部が尖った山型をしています。

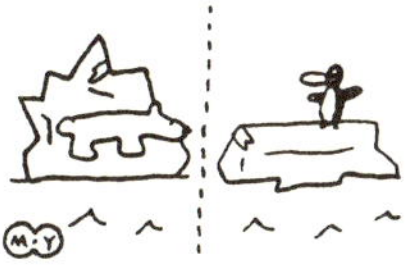

何でこんなに違うのかというと、北極は地球の最上部にあるから氷山は上に伸びるが、南極はいちばん下にあるので、氷山が横に広がってしまう……というのはウソ。宇宙空間では、上も下もありません。

これには、南極と北極の地形が関係しています。

南極は、平坦な大陸です。大陸の上にできた平らな氷が少しずつせり出し、それが滑り落ちて氷山ができるため、南極の氷はプラットホーム型になります。

これに対し、北極は海です。シベリアやカナダ、グリーンランドなど北極海に面した陸地は、険しい山になっています。**北極の氷山は、山岳地帯から海洋に転がり落ちたものなので、三角形の山型になる**わけです。

たんぱく質や石油をつくる微生物がいるって本当？

人間のお腹の中には、大腸菌やビフィズス菌などの微生物がいて、消化を助けています。こうした微生物は、当然、ウンコの中にも含まれています。動物のウンコを調べると、種類によってそれぞれ違った面白い微生物がいて、食品、医薬品、農薬などの分野に利用されています。

たとえば、たんぱく質をよく食べてくれるのが、サルのウンコにいる微生物。食肉を処理するときに出る大量の血液をこの微生物に食べさせ、さらに増殖した微生物を、肉になる動物のエサにもするという一石二鳥の方法が採られているのです。

また、カモシカのウンコにいる微生物は、たんぱく質を分解する力を持っています。その逆に、たんぱく質をつくることのできる微生物もいます。この微生物を利用すれば、いざ食糧危機になったときも、乗り越えられるかもしれません。

石油の海洋汚染の処理に利用されているのが、油を食べてくれる微生物。色を分解する微生物もいて、食品工場や染物工場で使った色素の処理に使われています。

微生物の世界は、今、もっとも注目されている分野。特に**石油をつくる微生物がいることがわかって、生ゴミや落葉から石油ができる**のでは、と期待されています。

一〇〇度近い超高温の温泉に微生物がいた!?

生命が誕生するには、何か強いエネルギーが必要だったのではないかという説があります。

たとえば、すさまじい高圧と高温。そんな場所で生命が生きられるのかという疑問を持ちますが、現に、**二六〇〇メートルの深海で三五〇度もの熱水（熱気）が吹き出している所でも、微生物が発見されている**のです。しかも、ここは酸素もなくて、まさに原始地球と同じような環境だったのです。

実際に、生命の材料と考えられるアミノ酸を数種類水に溶かし、この溶液に深海並みの熱と圧力を加える実験が行なわれました。圧力容器には、原始地球の環境に近くなるように酸素を追い出し、窒素を入れておきます。これを六時間放置しておいたら、原始生命にきわめて近い性質の物質ができたのです。最初の生命はこんなふうに誕生したのかもしれません。

現在の地球で、苛酷な条件の中で生きる微生物はほかにもいます。たとえば、アメリカのイエローストーン国立公園の間欠泉《かんけつせん》（水蒸気や熱湯を噴出する温泉）の中。この一〇〇度近い温水、しかも服がボロボロになってしまうほど酸性度が高く、酸素が含まれない温水の中に微生物がいるのですから、驚いてしまいます。

まさに、生命の底力を見せつけられた思いです。これほど強力な生命力なら、地球がどんな環境になっても、生命の糸は切れることがないとすら思えてきます。

そこへいくと、人間とは何と弱い生物でしょうか。

6章

「ダイコン」は、なぜおろした途端に辛くなるの？

【食べもの】雑学

ラガービールとドラフトビールの違いって?

ビールには、ラガービールとドラフトビールというものがあります。普通のビールをラガービール、生ビールをドラフトビールと呼ぶと思っている人もいるようですが、本当はどういう違いがあるのでしょう。

もともとラガーとは「貯蔵する」という意味です。ビールは一次発酵させたあと、熟成期間を置いて二次発酵させます。ビールの糖分をアルコールに変えて、炭酸ガスを十分に含ませるのです。この二次発酵をしていればラガーになるので、これを熱処理しようが生で売ろうが、ラガービールには変わりはありません。

ドラフトというのは「引っ張り出す」という意味で、樽から注ぎ出すビールのことです。ヨーロッパでは、熱処理をした樽詰めビールのことをドラフトビールと呼んでいるようです。ですから**本来の意味からすれば、ビンや缶に詰めたビールはドラフトビールではない**、ということになりますが、今では缶ビールの商品にも「ドラフト」と使われていて、あいまいになってきているようです。

ビールは本当に高カロリーか？

「ビール腹」を連想させるせいもあってか、ビールはとても太りやすい飲みもののように思われているようです。

しかし、太りやすいとされている原因は、食欲増進効果があって、つまみをモリモリ食べてしまうことにありそうです。

太りやすいかどうかはある程度カロリーで判断できます。念のため、食品成分表でビールのカロリーを見てみましょう。

一般のビール一〇〇ミリリットル中のエネルギー量は、三七キロカロリー。これは、六三三ミリリットル入りの大ビン一本に換算すると、二三四キロカロリー。これは、二五〇グラムのうどん一玉弱のカロリーに当たります。

三五〇ミリリットル入りの缶ビールなら、一般のビールで一二九キロカロリー、生ビール一七五キロカロリー。

また、中ジョッキで、生ビール一六四キロカロリー、黒ビール一六〇キロカロリー。

ご飯一膳《ぜん》が一六〇キロカロリー、食パン六枚切り一枚が一五六キロカロリーなので、ビールのカロリーは意外に高くはないのです。

日本酒やワインにアルコール二〇度以上のものがない理由

酵母にアルコールを多量に含ませて強い酒をつくろうとしても、限度があります。日本酒でせいぜい二〇度ぐらい、ワインも一八度ぐらいが限界です。

酒は、酵母が糖をアルコールに変えることによってできます。しかし、どんなに糖がたくさんあっても、**ある一定のところまでアルコールの量が増えると酵母の増殖は止まってしまいます。**これは、酵母自らがつくったアルコールで酵母が殺菌されてしまうという、おかしなことが起こるためです。

酵母の増殖が止まってしまうアルコールの濃度は、発酵の条件や酵母の種類によっても違いますが、二〇度ぐらいが限界です。

ところが、ウイスキーは四〇度以上もあります。これは、蒸留させてつくっているためです。水の沸点は一〇〇度ですが、アルコールの沸点は七八・五度。ですから、そのあいだの温度にすれば、アルコールはどんどん蒸発してきます。それで、アルコールだけを集めることができるわけです。

「精進《しょうじん》料理に使えない野菜」がある!?

禅宗の修行僧が始めた精進料理は、野菜や豆、木の実など、ほとんど植物だけを素材にした料理。近頃では「牛乳や卵は殺生《せっしょう》に当たらない」としている寺もあるようですが、戒律《かいりつ》を守らない僧侶を「生臭《なまぐさ》坊主」と呼ぶように、魚や肉などの生臭いものはご法度《はっと》とされてきました。

それでは植物なら何でもOKかといえば、そういうわけにもいかないのが禅の修行の厳しいところ。いくら血が通っていない植物とはいえ、臭味のある野菜や香辛料はご法度なのです。

ニンニク、ニラ、ラッキョウ、ネギ、ノビル、ショウガの六つがそれで、仏教の世界では葷《くん》と呼んでいます。**葷を食すことが禁じられたのは、どれも強壮作用があって、修行の妨げになるからだ**とされています。

また、精進料理で胡麻《ごま》豆腐にしたり、胡麻あえにしたりと、胡麻を使うことが多いのは、肉食禁止で不足した脂肪分を補うため、といわれています。

昔の七草がゆには「大豆」が入っていた！

一月七日には七草がゆを食べますが、おせち料理でもたれた胃にはありがたく、季節感もあってなかなかよいものです。

でも、この七草がゆ、もともとは草を入れるものではありませんでした。

奈良時代には「七種」と書いてななくさと読み、七種類の穀物のかゆを食べていたのです。その**七種の穀物とは、米、大麦、小麦、粟《あわ》、きび、大豆、小豆。**それが平安時代になると、春を待つという季節感も加わり、七つの草、つまり「七草」を入れるようになりました。

七草は、セリ、ナズナ、ゴギョウ、ハコベラ、ホトケノザ、スズナ、スズシロです。今の一月七日ではまだまだ寒くて七草が芽を出すにはほど遠く、七草がゆをつくろうと思ったらスーパーで買うしかありませんが、旧暦だとちょうど暖かくなり始める頃です。若菜摘みも可能だったのでしょう。

平安初期の嵯峨《さが》天皇の頃から、七草は朝廷の恒例行事として行なわれていましたが、庶民レベルにまで広く普及するのは、江戸幕府ができてからのこと。しかしこの日は、諸大名以下が幕府に登城して新年の賀を述べる「若菜のご祝儀」が厳粛に執り行なわれ、武家にとっては若菜摘みどころではなかったようです。

「初鰹《はつがつお》を出すなんて客に失礼」と文句を言った小説家って？

食通の人は、「旬《しゅん》に食べること」にこだわりがあるようです。野菜、穀物、魚などの四季の恵みを生かした料理を食べることは、確かに大切なこと。

実際に、その季節のものを食べるのがもっともおいしい食べ方です。それに栄養も豊富で、健康的でもあります。

旬というものに関して、『五重塔《ごじゅうのとう》』で知られる明治期の小説家・幸田露伴《こうだろはん》に、耳の痛くなるようなエピソードがあります。この人、味覚には非常に敏感で、お酒を飲むのはほとんど、お気に入りの板前がいる店だったといいます。

時は四月も終わりの頃。行きつけの店の一つに腰を落ち着け、一杯やっていたときのこと。出されたカツオの刺身を見た露伴は、仲居さんにこう言ったそうです。

「何だい、こいつは。こりゃあ半月早かねえかって、板前にそう言いな」

あわてて板前さんが謝りにきました。

「今日、はじめて河岸《かし》に入ったもんですから」

恐縮し切っている彼に、露伴はさかずきを渡して酒をつぎながら、しかしきつい口調で言ったのです。

「いくら初ものか知らねえが、いけないね、旬じゃなくちゃ、いけねえ」

初ものを出すのは、まずいものを食わせるだけで料理じゃない。料理じゃないものを客に出すなんて失礼だし、板前の恥だというわけです。

初ものよりも旬——覚えておきたい戒《いまし》めです。

ダイコンは、なぜおろした途端に辛くなるの？

生のダイコンでも、細切りにしたダイコンサラダでは辛くないのに、ダイコンおろしにすると辛くなります。

これは、おろすことによってダイコンの細胞がこわされ、酵素が出てくるためです。辛味の成分は、おろす前は糖と結合して配糖体《はいとうたい》という化合物になっており、この状態では辛く感じることはありません。おろしたときに出る酵素が糖との結合を切ることによって、はじめて辛くなります。ワサビをおろすと辛くなるのも、同じような原理によるのです。

ですから、**おろした直後よりも、糖との結合が十分に切れた七〜八分後が一番辛くなります。**でも、ダイコンの辛味の成分は気化しやすく、おろしてから二〇分も経つと抜けてしまうので、辛味がほしいと思ったら、おろすタイミングがなかなか難しいようです。

それから、春から夏にかけてのダイコンは辛くなります。この時期のダイコンには糖の量が多く、必然的に辛味成分が増えるためです。

また、辛味の強さは、ダイコンをおろす箇所にも関係があります。ダイコンおろしが辛すぎて嫌なときには、葉のついているほうからおろせば辛くなくなると、昔からよくいわれています。

ダイコンの〝本当の色〟は白ではなく透明!?

ふろふき大根、味噌汁の具、刺身のツマ、そして大根おろしと、ダイコンは和食にはなくてはならない重要な野菜です。

ところで私たちは、ダイコンの色は白だと思い込んでいます。もちろん白く見えるのが普通なのですが、実はダイコンの〝本当の色〟は白ではないのです。

ダイコンをコトコトと煮てみてください。だんだん色が薄れてきて、透き通ってくるのがわかります。そうです、**ダイコンの本来の色は白ではなく、透明だった**のです。

では、なぜ白く見えるのでしょうか。

ダイコンには小さな孔《あな》が無数に開いており、その一つひとつの表面がさらに無数のデコボコに覆われています。このごく小さいデコボコに光が当たると、その光が乱反射して私たちの目には白く見えるのです。そして、これを煮込むと、水分が孔やデコボコの中の空気を押し出し、元の半透明の色に戻っていくのです。

食物繊維でかえって便秘が悪化することもある!?

女の人を中心に便秘に悩む人は多いと思いますが、ひと口に便秘といっても、三つのタイプにわけることができます。

習慣性便秘と呼ばれるものは、我慢が習慣となってしまったもの。催《もよお》したときに我慢しているうちに、本当に出なくなってしまう症状です。

また、お腹の筋力が弱い人にありがちなのが、弛緩性《しかんせい》便秘。踏ん張る力が足りないというわけです。

三番めが、痙攣性《けいれんせい》（過敏性）便秘。ストレスが一因となり、大腸が過敏になって痙攣を起こすのです。そのため便がスムーズに腸内を下りず、出るのはウサギのフンのようなものばかり。

この痙攣性便秘には、食物繊維は逆効果です。**ちょっとした刺激にも腸が敏感になっているところに、消化の悪い食物繊維などが入ってきたら、刺激が強すぎてかえって悪化してしまいます。**こんな症状のときには、とにかく消化吸収のよい献立にすること。半熟タマゴ、柔らかく蒸したカボチャ、湯豆腐などがいいようです。

調味料は、なぜ「サシスセソ」の順に入れるといいの？

砂糖、塩、酢、しょうゆ、味噌。ご存じ、調味料の「サシスセソ」です。

偶然でしょうが、よくぞサ行の順番と一致したものです。わかりやすくて覚えやすいこの符丁《ふちょう》を発見した人、後の代まで伝えてくれた人たちにも感謝です。

では、どうして「サシスセソ」の順に入れるといいのでしょうか。

砂糖を最初に入れるのは、分子が大きめで浸透速度が遅いため。**もし塩を先に入れると、浸透圧が高すぎて素材の水分が出てしまい、あとから入れた砂糖が染み込みにくくなります。**ただ、塩も材料にじっくり煮含ませたほうがうまみが出ることは確かなので、砂糖に次いで早めの段階で入れておきます。

酢が次にくるのは、多少加熱して、刺激臭のある酢酸分を飛ばすため。

加熱が進んでからしょうゆを入れるのは、気体になりやすい芳香成分を飛ばさないため。うまみのもととなるアミノ酸にとっても、加熱しすぎないほうがいいようです。

味噌の場合は、たんぱく質を熱によって変化させないように、サッとひと煮立ち程度にとどめておく必要があります。香りも奪われやすいので、加熱のしすぎは禁物。

調理の終わる寸前に入れるというわけです。

「みりん風調味料」と「みりんタイプ調味料」はどう違う？

みりんは日本独特の調味料の一つで、正確には酒類の一種に分類されます。

本みりんの場合、日本酒をベースに精製され、度数は何と一四%。このアルコール分は、肉を硬く締めてしまうなど調理の上では邪魔になることが多いので、煮切ってアルコール分を飛ばしてから使うのが普通です。

この本みりん、酒類のため、以前は免許がないと販売できませんでした。そこでつくられたのが、「みりん風調味料」です。普通のスーパーや食品店でも販売できるように、アルコール分は一%以下になっています。

しかし、みりん風調味料の隣には「みりんタイプ調味料」というのも並んでいました。これは何なのでしょう。

こちらは、法律上では酒類から除外されていますが、アルコール分が本みりんと同じ一四%前後。つくり方も本みりんとほぼ同じ。それが**なぜ酒類でないのかというと、食塩を二%以上加えて、変成させてある**のです。

ただし、このみりんタイプ調味料を使うときには、本みりんと同様に煮切らなければなりません。その点、みりん風調味料は煮切る必要がなくて便利なのですが、醸造品でない分、味をうまみ調味料などで補っているのが難点。本みりんに比べると、風味の点でやや劣るようです。

ハチミツ一ビンには、四〇〇匹のミツバチが必要！

花の蜜は薄くて水っぽいですが、ハチミツは濃くてドロリとしています。

ミツバチは、花から花へと飛び回って蜜を集め、一滴ごとに体の中の蜜袋に貯蔵しますが、蜜袋からは酵素を含んだ分泌液が出るので、花の蜜の成分が少し変わります。こうして集めた蜜を巣に持ち帰り、貯蔵するのです。そして、貯蔵しているあいだに約四倍に濃縮され、二キログラムの花の蜜が五〇〇グラムのハチミツになります。

ところで、ミツバチは冬には六か月くらい生きられますが、夏には四～六週間しか生きられません。

夏のあいだに集められる花の蜜は、せいぜい小さじ一杯、五グラムほど。そうすると、**一ビン五〇〇グラムのハチミツをつくるには、四〇〇匹のハタラキバチが必要**という計算になります。

そう考えると、何気なく口にしているハチミツも、本当は貴重な食べものなのです。

赤味噌と白味噌の違いはどこから生まれる?

味噌は大豆からつくられます。スーパーなどには数種類のメーカー品が置かれていますが、味噌は全国各地でそれぞれ独自のものがつくられています。

こうして各地でつくられるようになったのは、戦国時代の頃といわれています。塩分が豊富で保存がきくことから、戦地での食糧、兵糧《ひょうろう》として最適で、大名たちがお抱えの味噌職人を置き、それが現在も地場《じば》産業として続けられているのです。「手前味噌《てまえみそ》」という言葉がありますが、これもその当時生まれたもので、それぞれが自分の国の味噌こそ最高の味と自慢し合っているさまをいったものです。

さて、味噌には赤味噌と白味噌があります。色が濃いことで知られる名古屋味噌は赤味噌の代表格ですが、この違いは、**味噌をつくる工程で大豆を蒸したか、ゆでたかによって生じる**のです。大豆にはアミノ酸が多く含まれていますが、これには加熱されると糖分と結びついて、褐色に変色する性質があります。ところが、ゆでるとそのアミノ酸が湯に溶け出してしまうので白くなるわけです。

また、使われる麹《こうじ》によっても、色が変わってきます。麹には、米、麦、豆がありますが、豆麹を使ったものはアミノ酸が多いので、濃い色になります。名古屋味噌の色が濃いのはそのためです。

レモンは皮まで食べなきゃ十分なビタミンCはとれない！

ビタミンCといえば、すぐさま連想するのはレモンです。それだけ、レモンとビタミンCのイメージは、私たちの中で密接に結びつけられているわけです。

しかし、ビタミンCが豊富なのは実は皮のほうで、中身のほうは一個に約四五ミリグラムと、**ほかの柑橘《かんきつ》類とそれほどの違いはない**のです。ただし、皮を食べるときは農薬が付着しているのでよく洗わなければなりません。

また、ビタミンCは果物に多いと信じている人も多いようです。しかし、果物でビタミンCの含有量が最も多いイチゴやキウイでも一〇〇グラム中八〇ミリグラム程度なのに対して、パセリは二〇〇ミリグラム、ブロッコリーは一六〇ミリグラムと、圧倒的に野菜のほうが多いのです。

カレーでダイエットができる?

汗をふきふき、フウ、フウ、ハア、ハアと、無心に辛いカレーを食べる。こういう食事は太らないそうです。

どうして? 辛いのでたくさん食べられないから。辛さが胃を刺激するから。頭が空っぽになるから……。残念ながら全部はずれです。

答えは、**食事でとった余計なカロリーを熱で排出してしまうから**、なのです。

ただし、辛さと体温の上昇率は個人差が大きく、中には、いくら辛いカレーを食べても平然としている人がいます。そういう人には効果は期待できません。しかも、辛いと食欲も増進してしまうし、辛さを和らげようとご飯ばっかり食べてしまって、反対に太ってしまうかもしれませんね。

「技巧と知性」を集めたサラダのレシピとは？

サラダは、市販のドレッシングをかけることもありますが、シンプルに生野菜を酢と油で和《あ》えることもあります。なぜ酢と油で和えるようになったのかは、やはり「おいしいから」だったのでしょうけれど、これが、**科学的にみても野菜に含まれているビタミンを逃さない最良の食べ方**なのです。

野菜には、空気にふれるとビタミンCを破壊するアスコルビナーゼという酵素が含まれています。ですから、野菜を切ったまま放置しておけば、その切り口からどんどんビタミンCが破壊されていってしまいます。

ところが酢には、この酵素の作用を抑えてビタミンCの破壊を防ぐ働きがあります。その上、切り口に油がつけば直接空気にふれることもありません。

また、油はビタミンAの吸収も助けます。アスコルビナーゼの性質がわかっていたわけでもないのに、偶然とはいえ何ともうまい調理法があったものです。

生の野菜を食べるサラダは、西洋料理の中ではあまり手を加えない料理に属しますが、そのつくり方にこだわった人は大勢います。

『三銃士』の著者、アレクサンドル・デュマもその一人。彼は「サラダこそ、技巧と知性の表現の場」と主張し、こだわりのサラダをつくっていたといいます。

では、デュマの自慢のサラダをここで紹介してみましょう。

野菜は、レタス、ビーツ（赤カブ）、セロリ、トリュフ、ゆでたジャガイモなどが主要な材料です。

まず、ゆでタマゴの黄身をボウルに入れてほぐし、油を入れてペースト状になるまで練ります。そこに、香草のチャービル、ほぐしたツナとアンチョビ、からし、大豆油、刻んだピクルスと刻んだゆでタマゴの白身を入れ、手に入る限り最上の酢で薄めます。そこに先ほどの野菜を入れ、召使いに和えさせます。召使いが和えているあいだに、デュマは高いところからパプリカを一つまみ振りかけます。

ほとんどの材料が簡単に手に入るものばかりです。デュマの「技巧と知性」とはどんなものか、試してみてはいかがでしょう。

酒飲みがとらなければならない栄養素って何？

「酒の味がまずくなるから、つまみはいらない」という屈強《くっきょう》な酒飲みがいます。

確かに味の点ではそうかもしれませんが、体のことを考えるとそれでは体がもちません。肉や魚、豆腐など、たんぱく質を含んだつまみをとることが絶対必要です。

胃に入ったアルコールの九〇％は、肝臓でアルコールデヒドロゲナーゼという酵素によって解毒されます。たんぱく質が不足していると、この酵素が十分につくられないので、解毒されないままのアルコールが体中を駆け巡ることになります。

また、肝臓を使いすぎて一時的に悪くしたときでも、たんぱく質を十分にとっていればすぐに修復しますが、不足した状態が長く続くと悪くなる一方です。たんぱく質の摂取量が一日四〇グラムで大酒を飲み続けるとすると、ほとんどの人が肝硬変になるが、八〇グラム以上とっていればアルコール性肝炎にとどまっている、という恐るべきデータもあります。

たんぱく質は、酒飲みにとって最後の最後まで体を守ってくれる心強い味方なので、邪険に扱ってはいけません。肝硬変になりたくなかったら、枝豆でも冷ややっこでもいいから、たんぱく質を含んだものを食べることです。

そのほか、ビタミンB_1の補給も大切です。アルコールやそれが体内で変化してできたアセトアルデヒドを代謝する酵素はビタミンB_1を多く含むので、酒を飲んだときはいつにも増してビタミンB_1を必要とします。

普通に、人と変わらない食事をしている元気な人が、晩酌でウイスキー五〇ccを飲み始めて半年もすると、ビタミンB_1不足の症状、脚気《かっけ》が出てきたという報告もあるそうです。

ビタミンB_1は、豚肉に多く含まれています。**大酒飲みの人は、日頃から豚肉料理を食べるようにしておけば、たんぱく質もビタミンB_1も補給できて一石二鳥です。**

食事中にお茶を飲むと、せっかくの鉄分が半減!?

女の人は毎月血が失われるので、貧血になる人が大勢います。これは、血が薄まるために貧血になるのではなくて、血液中の鉄分が不足するため。鉄分は酸素を運ぶヘモグロビンの材料ですから、これが不足すると、体全体が酸欠状態に陥ってしまいます。

鉄分はお茶やコーヒーに含まれるタンニンと結びつきやすく、一度タンニンと結びついた鉄分は、もう体に取り入れることはできません。それでは、お茶やコーヒーを飲むことによって、食べものからとった鉄分がどのくらい減るかというと、これがなかなかの多さなのです。これを知っていたら、とても食事どきにお茶なんか飲めたものじゃありません。

アメリカでの研究によると、トーストとジャムの朝食の場合、**飲みものを紅茶にしたときに吸収される鉄分の量は、何とオレンジジュースにしたときの五分の一にまで減ってしまう**そうです。また、コーヒーを飲みながらハンバーガーを食べると、吸収される鉄分の量は、コーヒーなしのときの三五％になってしまうのです。

貧血でない人は問題ないのですが、もし健康診断で鉄欠乏性貧血といわれたら、食事中にお茶やコーヒーを飲むのは絶対にやめたほうがいいでしょう。せっかくとった鉄分の大半がなくなってしまうのですから。

どうしてもお茶やコーヒーを飲みたいなら、ゆっくりデザートを食べてからにすれば、少しは鉄分の吸収量の減少を抑えられると思いますが、朝食やお昼にそんな時間はなかなかないので、困ったものです。

「サバの生き腐れ」といわれるほどサバが腐りやすい理由

「サバの生き腐れ」という言葉がありますが、サバは本当に、ほかの魚に比べて腐りやすいのだそうです。それはなぜでしょう。脂っぽいから腐りやすいのかとも思えますが、脂っぽいマグロのトロでも、赤身より腐りやすいという話は聞きません。

実は、サバの筋肉には、ほかの魚よりも酵素が多く含まれています。魚が死んでも酵素は生きて働き、サバの筋肉のたんぱく質を分解するのですが、**分解されたたんぱく質は腐敗菌に冒されやすくなります。**このため、サバは腐りやすいのです。

たんぱく質が分解されること自体は、たんぱく質の味をよくします。死んでから少し時間が経った肉のほうがおいしいのと同じ理屈です。ところがサバだけでなく、一般に青魚といわれる魚は、海中を高速で泳ぎ回るために、筋肉中に多くの酵素を持っています。

腐りやすい魚を買うときは、新鮮かどうかを見分けるポイントをおぼえておくといいでしょう。目が澄んでいるか、鱗《うろこ》がきれいか、エラの内側が新鮮で赤いか、ということに十分注意してください。

ウナギとステーキ、どちらがスタミナをつけられる？

夏バテのスタミナ回復食の代表格が、ステーキとウナギ。

確かに両者とも、見るからにたっぷりと栄養分を含んでいるようで、食欲不振やだるさもあっという間に吹き飛ばしてくれそうな雰囲気があります。しかし、こと夏バテの解消という点では、はるかにウナギのほうが優れています。

スポーツのあとなどは別として、夏は冷房のきいた部屋にいて体を動かすことが少ないので、熱量の消費も少なく、あまりカロリーを必要とはしません。しかし暑さのため、ビタミンやミネラル類、特にビタミンB群の消耗が激しく、それが夏バテの原因になるのです。

ウナギの栄養分は、まさにこれにぴったり。夏バテを救うために存在してくれているかのように、ビタミンB群をはじめ、A、Dなどを豊富に含んでいます。

一方、ステーキはというと、カロリー源としてはとても優れていますが、ビタミンやミネラルは、不足を補うほどには含まれていないのです。

むしろ、ビタミンB群は豚肉にはるかに多く含まれるので、**無理して高いステーキを食べるよりは、トンカツのほうがずっとおトク**、ということになります。ほかにビタミンB群が多いのは、サバ、イワシなどの青魚、牛乳、納豆、シジミなどです。

石焼きイモ屋のイモは、なぜ家庭でつくるより甘いの？

「石やーきーいもー」。秋が深まると、どこからともなく聞こえる懐かしい呼び声、思わず食欲をそそられます。

焼きイモ屋の石焼きイモは、家庭でつくるよりやっぱりおいしい。電子レンジのふかしイモの味では、とうてい足元にも及びません。

サツマイモは、もともと甘くありません。中にあるでんぷんが、酵素や熱の作用によってゆっくりと分解されていくうちに、糖ができて甘くなるのです。この分解反応は温度が高いほどよく進むのですが、比較的ゆっくりした反応なので、**周りからじわじわ温めたほうがいい**のです。

また、長い時間、高温を保つほうが甘さは強まっていきます。

つまり、石焼きイモは、サツマイモの性質を見事に生かした調理法というわけです。

一方、電子レンジは、短時間に中心部から温めるものなので、甘くなるひまがありません。家庭でつくる場合は、蒸し器を使う方法がお勧め。そして、なるべく大きく切ったほうがおいしいようです。

サツマイモは一〇〇グラム中三〇ミリグラムのビタミンCを含みますが、これはほかの作物と比べてもかなり多いほうです。調理しても、そのビタミンCの九〇％は残るといいます。風邪の予防にも、もってこいの食べものなのです。

イモ類の中で、なぜヤマイモだけが生で食べられる？

ナガイモ、ヤマトイモ、ツクネイモなどは、ヤマイモ科の仲間。どれもたんぱく質とマンナンが結合した粘液素を持ち、このヌメヌメが滋養強壮に効くとされます。

普通、イモと名のつく野菜は加熱しないと食べられませんが、ヤマイモ科はなぜか生で食べられるものばかり。とろろにしたり、千切りで和え物にしたり。むしろ、煮たり焼いたりする料理のほうが少ないくらいです。

ヤマイモ科が生で食べられる秘密は、でんぷんの変化とアミラーゼ酵素にあります。でんぷん質というのは、本来なら加熱が必要なもの。ところがヤマイモ科のでんぷんは、熟成するうちにデキストリン化します。簡単にいえば、**すでにある程度でんぷんが分解されているので、改めて加熱する必要がない**というわけ。

おまけにアミラーゼ酵素には、体内ででんぷんをさらに分解する作用があります。ということで、ヤマイモ科の仲間はでんぷんの消化吸収がとてもいいため、生で食べても大丈夫ということです。

大豆に含まれる「頭がよく働く」素って!?

脳の外観は、水分を多く含んだピンクの豆腐のようだ、といわれます。だから豆腐をはじめとした大豆製品を食べろ、と言うわけではないのですが。

しかし、**大豆中の成分レシチンが、脳の働きを活性化するのに一役かっている**ことは、生理学的にも解明されています。

脳は約一四〇億個もの神経細胞の集合体。液体の中で電線のようにネットワークをつくり、情報を伝達します。このとき細胞間の連絡係となるのが、アセチルコリンという物質。神経伝達物質とも呼ばれているものです。

さて、このアセチルコリン、生成されるには当然、原料が必要です。原料はどこから調達するかといえば、実はそれがレシチンだったのです。レシチンが体内で分解され、アセチルコリンに変わるというわけです。

ですからレシチンが不足すると、脳の神経細胞間の伝達が悪くなります。簡単にいってしまえば、頭の働きが鈍る、ということになります。

レシチンは卵黄やウナギ、ゴマにも含まれていますが、吸収しやすさの点では、大豆や大豆製品に勝るものはありません。脳の老化を防ぐためにも、レシチンの補給を怠らないことをお勧めします。

備長炭《びんちょうたん》で調理すると、なぜおいしくなるの？

炭火で焼いた魚や焼き鳥。炭焼きステーキにハンバーグ。炭火と鉄釜《てつがま》で炊いたご飯。看板に「紀州《きしゆう》備長炭」なんて誇らしげに掲げたりして、炭火焼きを売りものにする店を時折見かけます。

でもどうして、炭火で調理するとおいしいのでしょうか。

魚や肉の主成分といえば、たんぱく質と脂肪。これは、一五〇〜二〇〇度の加熱でもっともおいしく変質します。

ご飯の主成分である炭水化物も同じ。これより低い温度だと中まで熱が伝わりにくく、高くなれば煙が出たり焦げて炭になったりしてしまいます。

炭火の熱というのは、長時間この最適な温度を保っていられるのです。温度の上がり下がりが少なく、ちょうどコタツや温熱療法で使われる遠赤外線と同じような効果を発揮して、食品の深部まで温めます。中でも備長炭は、もっとも温度が安定していて、遠赤外線の波長にも近いとか。

炭火焼きというだけで、なんとなくありがたがっていたけれど、おいしく焼ける根拠がちゃんとあったのでした。

うどんをゆでるときは塩を使うのに、そばには使わない謎

めん類をゆでるとき、うどんやそうめん、スパゲッティのゆで湯には塩を入れるのに、そばだけは塩なしでゆでると相場が決まっています。

でも、どうしてでしょう。

めん類のゆで方を二つのタイプに分けると、つくるときに塩を使っためんはゆでる

ときにも塩を入れ、塩を使わずに打ったそばは塩なしでゆでる、ということになります。これはいい換えれば、めんの主原料が小麦粉かそば粉かの違いです。

小麦粉をこねて生地にするには、小麦粉の中のたんぱく質がグルテンに変わる作用を利用します。この粘性のあるグルテンの形成に、塩が不可欠なのです。そのため、めんにするときには小麦粉の三・五％、ギョウザの皮などでは二・五％程度の塩が、最低でも必要になります。

こうして打っためんを、塩なしでゆでるとどうなるでしょう。

浸透圧を考えてみてください。塩入りのめんは、塩なしの湯より当然濃度が高い。浸透圧に差が生じれば、ゆで湯はめん内部へと、どんどん染み込んでいきます。すると、めんはたちまちふやけてしまうのです。

だから、**コシを保ってゆで上げるには、ゆで湯も塩分三・五％程度に合わせたほうがいい**、ということになります。

一方、そば粉のほうは塩なしでもこねられる性質を持っています。そばには塩分がないのだから、なるほど、ゆで湯に塩を入れる必要もないわけです。

ゆでタマゴの殻は冬より夏のほうがむきやすい？

買ったばかりのタマゴで、ゆでタマゴをつくると、白身と周囲の薄皮がしっかりくっついてしまってなかなかむけません。イライラしながらむくと、デコボコだらけの悲惨な姿になってしまうこともあります。

ゆでタマゴの白身が殻にくっついてしまうのは、白身に溶けている炭酸ガスが熱せられて体積が増え、その圧力で白身と薄皮が殻に押しつけられるためです。白身の炭酸ガスは、産卵時が一番多く、そのあとはだんだんと空気中に抜け出ていきます。

だから、古いタマゴの殻はむきやすいのです。しかし、新しいタマゴでも加熱時間を長くすると、炭酸ガスがよく抜けてむきやすくなります。

また、**白身の炭酸ガスは気温が高いほど早く抜ける**という性質を持っています。だから、冬より夏のほうがゆでタマゴはむきやすいのです。

タマゴ酒には風邪薬と同じ成分が入っている⁉

昔は、風邪を引くとタマゴ酒を飲まされたりしたのですが、今ではつくり方を知る人も少なくなったでしょう。タマゴの栄養価に期待するよりも、薬を飲んでしまったほうが早い、ということなのでしょうか。

でも、これが立派に風邪に効くという科学的根拠があるのです。

卵白には、リゾチウムという殺菌酵素が含まれています。本来は、**殻から侵入してきた細菌から卵黄を守る働きをしているのですが、この酵素が風邪の菌に対して効く**のです。また、リゾチウムには炎症を抑える働きがあり、気管支やのどに作用して、せきやのどの腫れを鎮めたり、熱を抑えたりする働きもします。塩化リゾチウム配合の風邪薬もありますが、それと似た成分がタマゴ酒にも入っているのです。

では、ここでタマゴ酒のつくり方を紹介しましょう。

酒を沸騰するまで温め、砂糖を少々とタマゴを割り入れてかき混ぜればでき上がり。実に簡単です。試してみてはいかがですか。

ついでに、元禄《げんろく》時代のタマゴ酒のつくり方も紹介しておきましょう。水五杯、麹一杯、砂糖半杯を火にかけて泡が出るまで煮立たせたら、そこに新鮮なタマゴを割り入れてよくかき回し、熱いうちに飲むのだそうです。しかし、当時は風邪薬ではなく、脾臓《ひぞう》と胃腸に効く滋養強壮剤と考えられていました。

「みかんを投げると甘くなる」って本当？

投げると甘くなるというので、みかんを実と皮が離れるほど何度も放り投げて食べるという人がいたそうです

甘くなるのは、本当なのです。みかんは衝撃に弱くて、一メートルの高さから落とすだけで酸の量が二〇％も減少してしまうのだそうです。**甘くなるといっても、糖分が増えるのではなく、酸味が減るためにそう感じるだけ**のこと。酸以外の成分も変わってしまうからでしょうか、味も落ちてしまうかもしれません。

落下の衝撃は、みかんの呼吸量も増やします。そして、呼吸量が増えるとむれて腐

りやすくなります。ですから、みかんを買ったときには、くれぐれも振動にご注意を。

酸性食品って体に悪いの？

アルカリ性食品が健康にいいということで、以前から注目されています。

ところが、アルカリ性のいいところを強調するあまり、酸性食品が悪玉にされてしまった気もします。

その一例が「酸性食品ばかり食べていると血液が酸性になる」と信じている人がいることです。

血液や体液はpH《ペーハー》七・四前後の弱アルカリ性なので、短絡的に酸性のものがいけないというのでしょうが、食べもので簡単にこんなことが起こるとしたら大変です。

血液は弱アルカリ性だから重要な働きができるわけで、酸性に変わったら、もう血液として機能できません。あるのは死のみです。

それでは困るので、それぞれの器官が連係し合い、常に血液のpHを一定に保たせているのです。もちろんこれは、酸性食品だけでなく、アルカリ性食品ばかり食べた場合も同じことです。

では、どうしてアルカリ性食品が特にいいとされるのでしょうか。

これは、**「日本人にとって」とつけ加えて考えるとわかりやすい**でしょう。

まず第一に、日本の水は基本的に酸性であるということです。私たちは飲み水によって、ふだんかなりの量の酸性食品をとり入れているわけです。

第二が、食生活の欧米化です。外食が多くなったこともあって肉を食べる量が非常に増え、逆に野菜をとる量は激減しています。〝食そのものが酸性化している〟というわけです。

水で酸性体質になっている上に、さらに酸性の食品を食べる。このようにバランスの狂った食事をすると、体内のpHを保つために、体の諸器官は無理をして必要以上の仕事をしなければならなくなります。その無理がたたって体が疲《ひ》弊《へい》し、免疫力を失って生活習慣病などにかかりやすくなってしまうわけです。

ヨーロッパの場合は逆で、水はアルカリ性です。したがって肉を食べることは、彼らにとって理にかなっているのです。

エビやカニは、なぜゆでると赤くなる？

とれたてのエビや生きたまま調理場へ連れてこられたエビは、くすんだ色合いをしています。ところがゆでると、みるみるうちに鮮やかな赤に変わるから不思議です。

この色のマジック、種を明かせばアスタキサンチンという色素のせい。たんぱく質とくっついているときには青緑がかった褐色、離れると赤色になるという変則的な色素です。

エビが生の状態のとき、アスタキサンチンはたんぱく質にしっかり結合しています。それで、あんなくすんだ色に見えるのです。

ところが、**加熱するうちにこの結合がほどけて、アスタキサンチンは本来の赤い色に戻ります。**そして一部のアスタキサンチンが、酸化によってアスタシンという、これまた赤色の色素に変身。アスタキサンチンとアスタシンが、ともに鮮やかな赤い色を放つという仕組みです。

同じ甲殻類《こうかくるい》のカニもまた、ゆでると赤くなりますが、これもやはりアスタキサンチンのせいなのです。

緑黄色野菜の〝すごいところ〟を知っている？

健康にいいということで、緑黄色野菜が注目されています。緑黄色野菜とは、カボチャ、ニンジン、ホウレンソウ、パセリなど、赤や緑の色が濃い野菜のこと。β《ベータ》カロテンやビタミンC、食物繊維が豊富に含まれるので、以前から非常に大切な栄養源とされていました。それが改めて注目され直したのは、その中の**βカロテンが老化の防止やガンの予防に役立つことがわかった**からです。

βカロテンはカロテンの代表的物質で、野菜の赤い色を出す色素のことです。ニンジン（キャロット）を語源にしてこう名づけられました。

これを別名プロビタミンA（ビタミンA前駆《ぜんく》体《たい》）というのは、体内にとり入れられるとビタミンAに変化するからです。

面白いのは、ビタミンAを含むものがウナギなど動物性食品だけに限られているのに対して、プロビタミンAのβカロテンを含むものは植物性食品だけ、ということ。

結局、ビタミンAとしては同じ働きをしているわけですが、最近の研究で、体内に入ったβカロテンのすべてがビタミンAに変わるのではないことがわかりました。必要な分だけ変わり、残りはβカロテンのままでいて待機している、そういう性質があるのです。

乳牛が何を食べていたかで、バターの色まで変わる！

バターは、牛乳を激しくかき混ぜて、上に浮いてきた乳脂肪を固めてつくるもの。それなら、牛乳もバターのようにいくらかは黄色っぽくてもいいはずなのに、真っ白です。どうしてでしょう。

牛乳が白く見えるのは、牛乳に含まれる脂肪球のせいなのです。牛乳の中の脂肪は、周囲を膜で包まれた脂肪球になっています。脂肪球のような細かい粒は、たくさん集まると光をいろいろな方向に散乱させるので、全体が白っぽく見えます。水は透明なのに、水滴が集まった雲が白く見えるのと同じ原理です。

牛乳をかき混ぜると、脂肪球の膜が破れて中から黄色い脂肪が出てきます。その脂肪を集めたものなので、バターは黄色いのです。

ところで、脂肪に含まれている黄色い色素は、もともと牧草に含まれていたもの。そのため、乳牛のエサの種類によって、バターの色はかなり変わります。

春から夏にかけて、乳牛が新鮮な牧草を食べている時期につくられたバターは鮮やかな黄色ですが、冬には白っぽくなります。そういうときには、工場で植物性の色素を添加して、いつも同じような黄色になるように調整しているのです。

「甘くておいしいカボチャ」の簡単な見分け方！

甘みのある野菜といえば、カボチャとサツマイモが思い浮かびますが、甘みの質はちょっと違います。

サツマイモは、加熱しているうちにβ－アミラーゼという酵素の働きで、でんぷんが分解され、糖になります。一方のカボチャは、もともと蔗糖《しょとう》や還元糖が豊富です。

カボチャの甘みがピークに達するのは、完熟時。面白いことに、カボチャは熟すにつれて皮が硬くなり、完熟したときには爪も通らないほどになります。ですから、**皮の硬いものを選べば間違いなく甘い**のです。また、茎の根元が縦にひび割れていたり、皮のシマ模様がはっきりしているのも甘い印です。

なお、皮の一部だけが黄色くなったものを時々見かけますが、あれは日焼けのせい。味には影響ありません。

7章

「家庭の冷凍庫の氷」は、なぜ白く濁ってしまうの？

【生活の知恵】雑学

「一番確実なしゃっくりの止め方」を知っている？

しゃっくりの止め方には、さまざまな方法があります。たとえば、ご飯を一気にかき込むとか、鼻をつまんでコップ一杯の水を飲むとか……。背後から人に脅《おど》かしてもらうというものもあります。

これらはいわば〝ショック療法〟ですが、期待したほどの効果をあげないことがしばしばあります。それより、もっと効果的な方法があるのです。

まず、**大さじ一杯のグラニュー糖をすくい、そのままのどの奥に放り込んでしまいます。**このとき舌の上に載せたり、唾液で濡らしたりしないで、乾いたまま飲み込むのがポイントです。

これで、たいていのしゃっくりは止まるのです。もしそれで止まらないようなら、何回か同じことを繰り返してみてください。

できればグラニュー糖のほうがいいのですが、手元になければ普通の砂糖でもかまわないようです。

かさばるプラスチック容器、上手な捨て方は？

簡易包装が叫ばれているにもかかわらず、プラスチック容器に包んだ商品は今でもたくさん売られています。家庭から出る燃えないゴミの量は、ウナギ上りに上昇しているようです。

家庭でも、かさばるので厄介《やっかい》ものになっているプラスチック容器ですが、これを小さくして捨てる方法があります。

それは、**熱湯をかけること。**プラスチックは熱に弱いため、いっぺんで小さく縮んでしまいます。しょうゆパックやタマゴのケースなどは、驚くほど小さくなります。こうしてコンパクトに縮めてしまえば、捨てるときにも苦にならないでしょう。

プラスチック容器は商品を売るときには便利なのですが、できる限り減らしていくのが環境保全のためにいいことを、覚えておきたいものです。

冬場の「暖房の効かせすぎ」には要注意！

寒い冬には、どうしてもストーブをガンガン焚いたり、エアコンの暖房を効かせて暖を取りたくなります。

しかし、過剰な暖房はエネルギーの無駄遣いであるばかりでなく、健康にとってもよくないことをご存じでしょうか。

かつて、人間にとって最適な気温を調べる実験が行なわれました。まず、男女四人ずつの学生を湿度六〇％に保った人工気候室の中に腰掛けさせ、無風状態で室温を二〇度から二度刻みで変えてみたのです。一月と八月の二回に分けて実験しましたが、このとき、裸の場合と衣服をつけた場合についても実験しました。もっとも裸といっても、男性はパンツ、女性はセパレートの水着を着用してです。着衣の際は、その上に半袖シャツと作業用の上着を着て、ズボンと靴下も履きました。

この結果、体のエネルギー消費量が最低になったのは、裸のときは二四度、着衣のときは二二度でした。**この温度から上げても下げても、エネルギー消費量は多くなる**

ことがわかったのです。このことからわかるように、厳冬の日にあまり暖房を効かせすぎるのは、健康にとってあまりいいことではないわけです。

部屋を暖めるために扇風機を使ってみよう！

冬場、部屋を暖めるために扇風機を使う、という意外な方法があります。

冬に扇風機なんてとんでもないと思う人もいるかもしれません。しかし、案外これが役に立つのです。

というのも、ストーブなどの暖房器具を使っていると、部屋の中が暖かい部分と冷たい部分に分離してしまいます。暖まった空気は軽くなるので上に昇りますが、冷たい空気は重いので下にたまるからです。

これでは、暖房効果は半減します。そこで、**扇風機を回して空気をかき回し、対流を起こしてやる**わけです。もちろん、人に向けて扇風機を回しても、寒いばかりで逆効果。羽根を天井に向け、上にたまった暖かい空気を下に送るのです。

乾燥する冬、なぜ衣服に静電気がたまりやすい?

静電気は、冬の乾燥したときにはよくたまるけれど、夏や梅雨《つゆ》どきにはたまりません。どうしてでしょう。

静電気は、衣服が電気を通さない材質や状態のときにたまります。夏や梅雨どきには、湿度が高かったり汗を吸い込んでいたりして、繊維が水を含んでいます。繊維が水を含むと、水を伝わって電気が流れます。それで、夏や梅雨どきには静電気がたまりにくいのです。

その反対に、**乾燥した冬は繊維が水を含まないので静電気がたまりやすくなります。**

また、水を吸いやすい木綿より、水を吸いにくい合成繊維やウールのほうが、静電気はよくたまります。

白黒のバーコードだけで、なぜ品目、値段がわかる？

バーコードの黒と白の線には、いったい何がどうやって書き込まれているのでしょうか。読み取り装置の上をさっと通すだけで値段や品名が登録されるようですが、あんな線でそんなことが可能なのでしょうか。

さらに、線には太いものと細いものの二種類があるようですが、黒と白、太い線と細い線の四種類の組み合わせで、そんなにたくさんの情報が書き込めるのでしょうか。

この黒い線と白い線は、太さやその組み合わせ方で○から九までの数字を表わしていて、数字は二進法によって書き込まれています。黒くても白くても、太いほうが一、細いほうが○です。

この数字によって、国名、メーカー、商品名などの情報が書き込まれています。標準的なバーコードは一三けたの数字で、最初の二〜三けたが国名を表します。日本は四五と四九で、次の五けたか七けたが企業名、それに続く三けたか五けたが商品名、残りの一けたがチェックデジットコード（次項参照）です。

これらの情報を、レーザー光線を使った装置で読み取ります。レーザー光線は何本も出ていて、そのうちの一本でもバーコードの上を通過すれば読み取れるのです。また、バーコードの最初と最後には開始と終了のコードがつけられているので、商品をどちらの方向に向けても読み取れる仕組みになっています。

読み取った値段はすぐディスプレイに表示されて加算されますが、商品のバーコードそのものには価格は記入されていません。レジスターの中に通常価格、割引価格、仕入れ値などが登録されていて、設定を変えれば、瞬時に値上げも値下げもできるようになっています。

また、管理コンピュータに直結しているので、在庫量や売れゆきも一目瞭然《いちもくりょうぜん》。商品が少なくなったら、自動的に問屋のコンピュータに発注することも可能です。

バーコードの線に細工をすれば値段をごまかせる？

商品の上についたバーコードの線が商品名を表わしているなら、線を太くしたり細くしたりして安い商品に変えてしまえば、値段を安くできそうな気がします。

でも、そういうことができないように、**ちゃんといたずら防止策がとってある**のです。バーコードにはチェックデジットコードといって、すべての数値を一定の計算式に入れたときの答えがついており、このコードと計算式の答えが一致しなければ、エラーになってしまうのです。

計算式も何種類かあって、ちょっとやそっとではごまかせないようになっているとのこと。悪知恵を働かそうとした人は残念でした。

香水をどこにつけるかで性格診断ができる!?

「若い女性に『香水はどこにつけたらいいのか』と聞かれたら、私は『キスされたいところにつけなさい』と答えます」

有名ブランド・シャネルの創始者、ガブリエル・ココ・シャネルはこう言っています。さすがに、香水の真髄《しんずい》を心得ているようです。というのも、香水はコミュニケーション手段の一つだともいわれているからです。

自分の体臭と香りをミックスさせ、自分だけの香りをつくる。それが香水の言葉であり、どこにつけるかがメッセージである、ということです。

だからでしょうか、**香水をつけている場所で、ある程度は性格がわかる**といわれています。たとえば、次の通りです。

洋服につけている人——合理的で、男性とはマイペースにつき合うタイプ。
体に直接つけている人——男性に従順なタイプかアバンチュール期待派が多い。特に耳の下につけている人は、異性への関心が高いそうです。
当たっているかどうか、女性の方は思い返してみてください。

布団は木綿、化繊、羊毛より「羽毛がお勧め」！

人間が一晩に出す水分の量はコップ一杯分とも、それ以上ともいわれます。だから、布団は水をよく吸うものでなくてはいけません。となると、木綿が一番という気がするのですが、実際のところはどうなのでしょうか。

木綿は、吸湿性は確かにいいのですが、布団のよさを見るには、乾きやすさと水分の通りやすさという点も考えなければなりません。乾きやすさは放湿性、水分の通りやすさは透湿性といいます。

木綿の場合、吸湿性は高いけれど放湿性は低い。昔の木造家屋のように、風通しがよくて毎日布団を干せるのなら木綿がいいのですが、鉄筋の家に住んでいたり会社勤めをしている人には向きません。

羊毛は、繊維が鱗をかぶったような構造をしているので吸湿性は低いのですが、放湿性と透湿性は高いですし、ポリエステル綿は、放湿性と透湿性はともに高いのですが吸湿性はほとんどありません。

これに対して羽毛は、絡まり合った繊維の間に水分を蓄えるために吸湿性が高く、その上、繊維にすき間があいているので放湿性も透湿性も高いという三拍子揃った性質を持ちます。

こうしてみると、やはり羽毛が最適ですが、現実には、値段が高いという大きな壁があります。**お金に余裕がある人には羽毛が一番、ない人にはポリエステル綿が一番**ということになるでしょうか。

「一番快眠できる枕のサイズ」はどのくらい？

「枕を高くして寝る」という言葉がありますが、これは、まだ日本人が日本髪を結っていた時代の話。実際は枕が高すぎると、首が疲れたり肩が凝ったりします。逆に枕が低いのも疲れますが、最近では枕をしないほうが首が強くなり、頭の血の巡りがよくなるという説もあります。ただし慣れないと、枕をしないままではなかなか寝つけません。

枕の高さは人の好みによって違いますが、一般的にいえば、**大人では頭を載せたときに布団から六センチくらいの高さになる枕がいい**とされています。

また大きさは、寝返りが楽に打てるように、肩幅以上あったほうがいいでしょう。だいたい長さ六〇センチくらい。そして、幅は五〇センチくらい。これは、肩までですつぽり入る大きさが基準になっています。

加湿器を使った「部屋を心地よくする裏技」とは？

暖房をかけていると、どうしても部屋が乾燥してきます。このため、のどが渇いたり家具が乾燥してひび割れたりします。こんなときに活躍するのが、加湿器です。

しかし、加湿器の使用も実際は考えものだといわれたりします。というのも、加湿器の手入れを怠ると嫌な臭気が部屋に充満したり、加湿器がカビやバイ菌の温床《おんしょう》になって、病気を媒介《ばいかい》する恐れがあるからです。適度の温度と湿度、それにゴミもあるのですから、バイ菌にとっては絶好の繁殖場所になるわけです。

それよりも、単に湿度を上げたいなら、洗面器の水で十分。暖房をかけた部屋の隅に水を張った洗面器を置いておくだけで、かなり効果があるのです。

もし加湿器を使うなら、**匂い消しのために、レモンジュースなどを水の中に入れておくのも一案。**匂いが防げるだけでなく、レモンの香りが部屋を満たしてくれて、心地よいものになります。

ご飯をおいしく炊くために加える「調味料」って？

おいしい米の種類がいろいろと増えてきましたが、特別いいものを買わなくても、今食べている米の炊き方次第で、もっとおいしいご飯が食べられます。

たとえば、**炊いてもつやがなくパサついている米には、炊くときにサラダ油を垂らしておくといい**のです。量は、米二カップに対してサラダ油小さじ一杯くらいです。油を入れたからといって、ご飯が油っぽくならないので安心です。

また、さらに酒とみりんを少々加えてみてもいいでしょう。両方とも小さじ一杯くらいが適量ですが、好みに合わせて加減するといいでしょう。

枝豆を「絶妙の塩加減」で食べるためのゆで方って？

枝豆は、冷凍品が出回るようになってから、年中食べられるものになりましたが、やはり初夏から真夏にかけて、枝つきものを買って食べるのが一番おいしいようです。

この枝豆のおいしいゆで方ですが、やはり塩気の味つけにポイントがあります。ゆでてから塩を振りかけても、殻が塩辛くなるだけでおいしくありません。中の豆にも塩気が染み込んでいるほうが、やはりおいしいものです。

豆に塩気を染み込ませるためには、**最初に塩水に十分つけておき、それからたっぷりのお湯でゆでることが大切**です。このとき、ゆで上がりの色をよくするためと、沸騰点を高くしてよくゆで上げるために、塩をひとつまみ入れるといいのです。そして、火は強火のほうがいいでしょう。

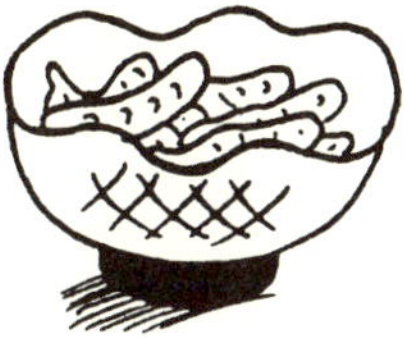

ゆで上がりの目安は、「まだちょっと硬いかな」といった程度。この程度にゆだったら、コンロの火を止めてしばらくそのまま置

いておきます。余熱を利用して仕上げをするわけです。ザルに上げたあとは、多少塩を振りかければ十分です。

脱いだ背広は、しまわずに部屋に出していたほうがよい！

家に帰って背広を脱ぎ、そのあとすぐに洋服ダンスやクローゼットにしまう人が多いのではないでしょうか。

ところが、これは背広の保存法としては、あまりいいことではありません。というのも、外に着て出た洋服には、発散した汗などの水分や、外のほこりや匂いが染み込んでいるため、そのまましまうと、匂いや水分がほかの洋服に移ってしまうかもしれないのです。

そこで**家に帰ったらまずハンガーに掛けたまま、部屋に出しておきましょう。**すると水分が乾き、ついた匂いも発散していきます。そして翌日、洋服ダンスにしまうのです。背広だけでなく、どんな洋服も、こうしたほうが長持ちします。

ネクタイの汚れは簡単に家庭で落とせる！

背広やコートが汚れたら、すぐクリーニングに出す人が多いようですが、男性のファッションにはもう一つ大事なものがあります。

それはネクタイです。このネクタイのクリーニングは、案外忘れがちなもの。もちろんクリーニング店に出せば洗ってくれますが、やはり、できるなら自分で洗うのが経済的です。

そこでその洗い方ですが、**絹《きぬ》製なら薬局などで手に入るベンジンを使います。**まず、コップ四分の三くらいの量のベンジンを、洗面器などに注ぎます。そして、ネクタイの幅の広いほうから徐々にベンジンに浸します。布にベンジンが染みたところで、歯ブラシなどであまり力を加えずにこすります。そのあと、陰干しをします。

あるいは、広口ビンにベンジンを入れ、その中にネクタイを丸ごと入れてビンごと振って洗い、二〇分ほどつけてから、陰干しするのもいいでしょう。ただし、中には色落ちするものもありますので、事前に、試しにネクタイの裏の部分につけて確かめておくほうがいいでしょう。

服に染み込んだ防虫剤の匂いをすぐに落とす技！

衣替《ころもが》えの季節ともなると、通勤電車の中で防虫剤の匂いをさせている人が増えてきます。不快というほどではありませんが、なんとなく鼻につく匂いです。第一、あわてて洋服ダンスの奥から引っ張り出してきたという感じを与えて、ちょっとみっともないものです。

着る前夜に、洋服ダンスから出して匂いを発散させておくのがいいでしょうが、時間がないときには、部屋に吊るして扇風機の風を当てておくのも効果的。もしもっと急いで着なければならないときは、**蒸しタオルを当ててアイロンをかければ、早く匂いが発散します。**

匂いが洋服に移らない防虫剤も市販されていますので、それを使うのもいいでしょう。

革靴を長持ちさせたいなら靴墨はほどほどに！

革靴の大敵は何といっても湿気。でも最近は、雨や雪の日でも長靴を履かず革靴で押し通している人がいて、革靴にとっては受難の時代といえます。

革靴を長持ちさせるコツの一つは、一足だけをいつも履かないことです。三足くらいを揃えておき、それを毎日交代で履き回すといいでしょう。一足だと六か月くらいしか持たないものでも、三足あれば、ゆうに三年以上は持つのです。プロ野球のピッチャーも、毎日投げ続けるよりも、あいだに何日かおいて登板したほうが選手生命が長くなるのと同じです。

また新品の靴は、履く前にワックスで十分磨いておいてください。このようにこまめに手入れすることも、長持ちさせるコツ。ただし、靴墨はあまりベットリ厚く塗らないほうがいいでしょう。**革の目がふさがれて通気性が悪くなり、靴が早くダメになってしまうから**です。

濡れたときは、必ず陰干しすること。直射日光で乾かすと、革を駄目にします。また、ふだん履かない靴も、たまには虫の害がないように干した上、ビニール袋に入れて防湿剤などを入れて保管しておくと、カビと湿気防止になります。

自動車も〝天日干し〟をしたほうがいい？

都心に住んでいるとあまり必要性を感じませんが、郊外に住んでいると、スーパーまで遠いこともあって、車は必需品です。

しかし、外側の洗車はこまめにしても、車内の匂いにまで気を配る人は案外少ないようです。でも、車内にはタバコや食べ残しの匂いなどが染み込みやすいもの。

この嫌な匂いを消すためには、空気清浄器や脱臭剤などを使う手もありますが、もっと簡単なのは、やはり換気をしておくこと。晴れた日にはドアやトランクを開けておき、**日干しにして風を通しておけば、こもった匂いは退散していきます。**

閉めたままで換気をしたいなら、ベンチレーター（空気の吹き出し口）を外気導入にセットしておけばいいでしょう。これで常に外気が車内に入るので、換気が行なわれるというわけです。

浮き輪の後始末をらくらく終わらせるにはどうする？

海水浴に行ったとき、帰り支度《じたく》で面倒なのが浮き輪の後始末。急いで支度しようと思っているのに、空気がなかなか抜けずにイライラすることもあります。力を入れて押さえても、弁が邪魔をするので、空気が早く抜けるものでもありません。

こんなときには、**空気抜きの穴にストローを差し込んでみましょう。**これで空気口が常に開いた状態になり、ちょっと押さえるだけで、どんどん空気が抜けていきます。

海辺でジュースを飲んだら、このときのためにストローを取っておくのがいいかもしれません。

冷えていないビールを「一気に冷やす」便利な知恵

夫が何の連絡もなしに、同僚を家に連れてきました。ビールでも出したいところですが、あいにく一本も冷やしていません……。こんな経験のある主婦の方もいるのではないでしょうか。

こんなとき、ビールに氷を入れてロックにするというのは、当然いただけません。ビールの味が悪くなってしまいます。

うまい方法は、冷蔵庫の製氷室から氷を取り出してボウルにあけ、氷水をつくってそこにタオルを浸します。この**冷たいタオルをビールビンに巻きつけ扇風機の風を当てると、短時間で急速に冷えます。**覚えておくと、なにかと便利な知恵です。

二日酔いがすぐに治る「とっておきの飲みもの」はこれ！

二日酔いの治し方にはいろいろありますが、体の健康を守り、なおかつ二日酔いを退散させる飲みものがあります。これといって名前はないので、一応**「酢卵《すたまご》」と呼んでおきましょう。**

コップに、生タマゴを殻のまま入れます。このとき、殻の表面はよく洗うようにしてください。そこに酢をいっぱいになるまで満たします。このまま一日くらい置くと、酸のために殻が溶けて中身だけになるので、箸でかき回してタマゴの原形がわからないようにします。

二日酔いの朝、これをスプーン一杯くらい飲めば、かなり効きます。ちょっと生臭いですが、薬と思って飲めばいいでしょう。カルシウムをはじめ、体の健康を守る栄養素がすべて含まれているので、日頃から飲むことをお勧めします。

「リュックの背負い方」を変えれば歩いても疲れない！

家族で出かけるハイキングは楽しいものですが、問題はリュックなどの重い荷物です。帰りは、食べものが空《から》になるなどであまり重さを感じませんが、行きはやはり重くて閉口することがあります。

実は、これはリュックの重さというより、背負い方が悪くて疲れることが多いのです。少し歩いただけでもヘトヘトになるときの担ぎ方は、リュックの上部が背中から離れ、後方へ突き出す形になっているはず。これだと体に無理な姿勢を強いることになり、

肩や腰が常に緊張状態にあるため、よけいに疲れてしまうのです。

そこで、荷物の詰め方を工夫してみてください。

賢いリュックへの詰め方は、常識とは逆に、重いものを上部に詰めることです。そして、背中に当たる部分と底の部分には柔らかいものを詰めて、背中とリュックを密着させます。こうすると、体が無理な姿勢にならず疲れないのです。

ガス代節約のために一番気をつけたいポイントとは？

冬になると、ガスストーブなどを使うため光熱費がかさみます。このガスですが、ストーブを使っているあいだは消費量を気にしていても、ストーブを使わない季節になると、つい経済観念が薄れてしまいがち。でも、やはり一年中ガスの使い方に注意を配ったほうが家計の手助けとなります。

まず、ガス代を一番浪費するのが、ガスコンロの火の強さを全開にして使うことです。**コンロの火は、あまり強すぎても熱効率はそれほどよくなりません。**それよりも、中くらいで使うのが一番効率もいいし、経済的です。

また、コンロはできるだけこまめに掃除しましょう。目詰まりすると、それだけガスの火が不完全燃焼を起こしやすくなるので、ガス代がかさむことになり、コンロの寿命を縮めてしまうのです。

さらに、やかんや鍋は、洗って底からしずくが垂れた状態のまま火にかけないこと。底の水分が蒸発するまでに、余分なエネルギーを浪費してしまうからです。たった一分くらいの熱エネルギーの節約ですが、ちりも積もれば何とやらで、一年間積み重なれば大変な節約になるのです。

家庭の冷凍庫の氷は、なぜ白く濁ってしまうの？

家庭の冷凍庫でつくった氷は、泡が混入して白くなってしまいます。こんな氷は、あまりおいしくないことが多いのです。

もちろん水質のせいもありますが、普通の水道水でも、少しの工夫でおいしくて透き通った氷をつくることができます。

氷に泡が混入するのは、急激に冷凍されてしまうため。そこで、製氷皿で氷をつくるタイプの冷凍庫では、製氷皿の下に割り箸を二本置いておきましょう。**木は熱を伝えにくいので水の凍る速度が遅くなり、そのあいだに水の中に含まれていた塩素や気泡が、徐々に空気中に出ていく**のです。

また、お茶を飲むためにお湯を沸かしたが、使わないで余ってしまったというときなど、このお湯を製氷用の水として使うのもいいでしょう。お湯を沸かすときに塩素や気泡が抜けているので、これでおいしい氷をつくることができます。

傘を長持ちさせる秘密兵器は「油」？

雨の多い季節に傘は必需品ですが、いつもお世話になっている傘の手入れを怠って、寿命を縮めてしまった人も多いのでは。統計では、日本人は一人平均五本も傘を持っているそうですから、一つが駄目になっても次のものがあると思って、ついないがしろにしているのかもしれません。

傘を長持ちさせるには、まず濡れたままで傘立てにしまっておかないこと。骨の部分が錆びてしまうからです。だから、雨が上がったときを見はからって、干しておくことが肝心です。ただしこのときは、取っ手を下にして広げ、必ず陰干しすること。日が当たる場所では、傘の布が色褪《あ》せる恐れがあるからです。

また、**先端の骨が集まっている場所や骨の折れ目にミシン油をたらしておく**と、開き具合がよくなるだけでなく、骨そのものが長持ちします。このとき、油のついた布で骨を軽く拭いておくと

さらにいいでしょう。ただし、このとき油が布につかないように注意すること。

あまり使わないのでしわだらけになってしまった傘は、霧吹きをかけて陰干しすると、きれいにピンと広がります。

カーペットについた家具の跡、どうやって消す？

カーペットの上に重い家具を置いておくと、その跡がついてしまうことがあります。この跡を消す方法ですが、これはカーペットの材質とも関係していて、跡が消えやすいものと、そうでないものとがあるのです。だから、重い家具を置くような部屋には、あらかじめ跡のつきにくいカーペットを選ぶのが一番。

ウールのカーペットなら復元力が強いので、それほど気にかけることはありません。とはいっても、長期間重いものを置いておくと、復元しなくなります。

跡がついてしまったら、**スチームアイロンで蒸気を当てたあとブラシで丁寧に布の表面の毛を起こす**と、ある程度復元します。スチームアイロンがないときは、布にぬるま湯をひたして、それをくぼんだ箇所に当てておき、そのあとブラシで表面の毛を起こすことです。

裏ごし器を長持ちさせる「ちょっとしたコツ」

裏ごしやケーキの材料のふるい分けなど、台所には欠かせない裏ごし器ですが、これも使い方によっては、その寿命がだいぶ違ってきます。

寿命を縮める使い方は、まずいつも決まった面だけを使うことです。このような使い方をしていると、裏ごし器の一部分だけの網目が片寄ってしまい、せっかく裏ごししても材料の質が揃わなくなってしまいます。

また、網目に沿って真っすぐ使うと傷みやすいし、こしにくいので、網目に対して斜めから使うといいでしょう。こうすると、網目と材料が接触する距離が長くなるので、早くこせます。しかも網目を傷めないというわけです。

本書は、小社より刊行した『頭にやさしい雑学読本』2〜5を再編集のうえ、改題したものです。

竹内　均（たけうち・ひとし）

一九二〇年、福井県に生まれる。東京大学名誉教授。理学博士。地球物理学の世界的権威。科学雑誌『Newton』の編集長として青少年の科学啓蒙に情熱を傾けるかたわら、「人生の幸福」について深く探求し、自己実現の具体的な方法を説く。主な編訳書に『頭にやさしい雑学読本』*『頭にやさしい雑学の本』*『自助論』*『父から若き息子へ贈る「実りある人生の鍵」45章』*『向上心』*『渋沢栄一「論語」の読み方』『自分をもっと深く掘れ！』（以上、三笠書房刊、*印《知的生きかた文庫》）など多数。

知的生きかた文庫

時間《じかん》を忘れるほど面白《おもしろ》い雑学《ざつがく》の本《ほん》

編　者　竹内《たけうち》　均《ひとし》
発行者　押鐘太陽
発行所　株式会社三笠書房
〒一〇二-〇〇七二　東京都千代田区飯田橋三-三-一
電話〇三-五二二六-五七三四〈営業部〉
〇三-五二二六-五七三一〈編集部〉
http://www.mikasashobo.co.jp
印刷　誠宏印刷
製本　若林製本工場

ISBN978-4-8379-7965-4 C0136

知的生きかた文庫

頭のいい説明「すぐできる」コツ

鶴野充茂

「大きな情報→小さな情報の順で説明する」「事実＋意見を基本形にする」など、仕事で確実に迅速に「人を動かす話し方」を多数紹介。ビジネスマン必読の1冊！

「1冊10分」で読める速読術

佐々木豊文

音声化しないで1行を1秒で読む、瞬時に行末と次の行頭を読む、漢字とカタカナだけを高速で追う……あなたの常識を引っ繰り返す本の読み方・生かし方！

たった3秒のパソコン術

中山真敬

「どうして君はそんなに仕事が速いの？」――その答えは本書にあった！　これまでダラダラやっていた作業を「たった3秒ですませる法」をすべて紹介。

疲れない体をつくる免疫力

安保　徹

免疫学の世界的権威・安保徹先生が、「疲れない体」をつくる生活習慣をわかりやすく解説。ちょっとした工夫で、免疫力が高まり、「病気にならない体」が手に入る！

40代からの「太らない体」のつくり方

満尾　正

「ポッコリお腹」の解消には激しい運動も厳しい食事制限も不要です！　若返りホルモン「DHEA」の分泌が盛んになれば誰でも「脂肪が燃えやすい体」に。その方法を一挙公開！

C50167